面對無所不在的「道德困境」，
我們要如何作出正確的判斷？

你永遠都可以有選擇

蘇珊・利奧陶德 & 麗莎・史威廷安——著
洪世民——譯

The Power of Ethics

How to Make Good Choices in a Complicated World

by
Susan Liautaud & Lisa Sweetingham

致露卡、奧莉維亞、帕克、
亞里莎、克里斯托、貝納德：
這本書獻給你們。

也獻給所有努力做道德選擇的人：
致上最深的敬佩之意，
也深深希望這本書能給你支持與勇氣，
讓你創造最美好的故事。

CONTENTS

前言
道德的邊緣

這位年輕女性三十出頭，身材高大、一頭黑髮，眼神直接而堅定。當她沿著走道向我走來，我看得到她深深的疤痕和碎裂的臉骨。那些始終沒有完全癒合；有人，也許是伴侶，也許是家人，對她下了重手。我伸出手，表示歡迎。當時是一九八九年，我二十六歲，在哥倫比亞大學主修法律，並領導一個學生公益倡議團體，為非營利組織籌募及分配小額資金。在地一間鼓舞人心、協助受虐陷危婦女的機構是準受贈單位。我們已經讀過他們的計畫，而如果我沒記錯的話，那天晚上我們就是邀請這位勇敢的女性過來訴說她的故事。當我跟她來到眾人集聚的教室門前，我停下腳步。「可以耽誤妳一分鐘嗎？」我說：「只是想確定大家都準備好了。」

我進教室，向我們那一小群人解釋：那晚講者所受的苦難超出我們所能理解的範圍，也不適合我們隨便發問。我希望我的同學做好準備，承受她所受的傷害之重。接下來一個小時，我們仔細聆聽她細述她的故事。

在法律的字面意義與執行法庭判令之間，法律制度辜負了她，甚至威脅到她的性命。我們得知，她求助的法律途徑，難以獲得針對施暴者的保護令，她必須先舉出曾數度遭受嚴重生理傷害，承受嚴重的情緒悲痛。必須證明自己受到傷害才能取得避免再受傷害的法律保護：這在我看來不合邏輯也不公正。我努力理解事情怎麼會這樣。

從小我一直相信大致而言法律規範是在保護我們、指引我們公正、有效，甚至富同情心。那時我才開始明白，就算法條清清楚楚、法院平易近人，法律制度仍有所不足。才開始認清，就算法律真的提供保護，我們每一個人仍要以更嚴格的標準來自我要求。

那時我沒有稱之為「道德」，當然也沒有考慮發展道德的事業，但我一直在想方設法改善我們所做的選擇，包括個人及集體所做的選擇。

多年來，我的座右銘一直是：道德決策把我們和全人類繫在一起，助我們時時刻刻把人放在最重要的位置。誠摯希望《你永遠都可以有選擇》能幫助每一位讀者做出以人為本、可引以為傲的選擇，包括現在與未來。

我們正處於關鍵時刻：道德決策面臨的危險比以往都要嚴峻的時刻。將道德融入決定的重要性，影響了二十一世紀日常生活的每一個層面，從我們要不要聽從專家保護自己及他人健康的建議，到一旦我們或友人在道德上失足，我們該作何反應。在我們的世界，道德錯誤（與成就）會被放大。相較於以往，今天的行為不端散播得更廣、更不可預測，更頑固地深留不走，也牽扯更多個人與機構。但儘管不符直覺，我們其實也比以往有更多做道德決定的機會。為掌握這些時刻，我們必須領會，邊緣地帶的道德是受什麼驅使。

雖然當時我不了解，那次哥倫比亞法學院的集會確實有助於界定我早期對道德邊緣的看法：越過那條線，法律就不再指引、保護我們，留下道德做為評判我們行為的唯一標準。那個邊緣是動態的，而道德做為我們唯一嚮導的空間正在擴張。在這個區域，人、公司、創新，以及我們可能從沒想像過會糾纏或該糾纏在一起的現象，真的糾纏在一起了。例如，社群媒體可能把我們和我們的家人、朋友、職缺，以及對其他文化的認識連結起來。但那也可能是廣為流傳的謬誤醫藥資訊、煽動仇恨與霸凌的源頭。

為什麼邊緣會移動，為什麼會有始料未及的相互連結發生呢？首先，法律趕不上技術和創新的迅速變遷。其次，從氣候變遷、假新聞問世到流行病，我們正面臨多重的全球與系統化風險。第三、新的技術與全球風險聯手擴大了現代與陳年的危險：民粹、極端主義助長了民主政體與悠久民主制度所面臨的威脅，而種族主義和性販運等社會弊病，也隨著技術日新月異冒了出來。

如果我們可以將道德融入我們的日常決策，就能更妥善地思考我們在世界的定位。我們可以積極影響我們的關係，以及我們對周遭社會的衝擊。反過來說，未能將道德融入決策，則是最被低估而危機重重的全球系統化風險——不論個別公民、領導人、組織或國家都要面對的風險。那正是攸關生存的威脅，更是其他許許多多威脅的源頭。

我從二〇一四年開始在史丹佛大學教授道德課程。在我「邊緣地帶的道德」（Ethics on the Edge）這門課的第一天，我以一個問題開場：有什麼故事？我們在新聞中、工作上、我們家人朋友身上，以及周遭世界見到數不清的兩難，究竟發生了什麼事？要是我們不了解致使道德失敗的作用力，我們就沒什麼機會加以避免和補救，創造（及鼓舞）道德成就的能耐也十分有限了。

然後，在最後一堂課，我也以一個問題做總結：你有什麼故事？因為我相信我們的決策融入多少道德、又以幾分現實為基礎，會決定我們的故事，並衝擊我們所觸及每一個人的故事，雖然其中許多人，我們可能一輩子不會遇見。

我們每天都面對著許多後果無法確知卻影響深遠的挑戰：如果某次大選完全沒有你欣賞的候選人，你該怎麼做？你該在Facebook分享你孩子的照片嗎？在你朝小玻璃瓶裡面吐口水，把DNA送去做遺傳分析之前，該考慮些什麼？你該雇用機器人看護來協助照顧年邁的父母嗎？後果不見得容易看到，但第一步是知道要尋找什麼。

道德決策並非追尋十全十美，亦非要歸咎或批判誰。我希望能給你一個正向、慎重的問題解決方式，以及一個穩固的韌性與復元基礎，讓我們能從那些人類難以避免的時刻，我們和他人犯錯的時刻恢復過來。

這本書將提供你四個簡單明瞭的步驟來對付任何令你進退兩難的困境，助你養成習慣。你也將熟悉驅動道德的六種作用力，我叫它們「驅除二元」、「權力分散」、「接觸傳染」、「支柱粉碎」、「界限模糊」、「事實受損」。我們面臨的所有道德挑戰，幾乎都有這六種作用力在運作：追求事業成功、養育子女、討論重要新聞事件、處理微妙的友誼、將道德融入我們的靈性之中等等。認識它們將迅速成為第二天性。

我是務實和樂天的道德派。我將在本書貢獻這數十年我所研究、調查與實踐的一切，以及我與許多學生、客戶、同事、領導人及其他人士一同探究這些問題的交流成果。

我書寫《你永遠都可以有選擇》的目標是讓道德民主化：讓我們每一個人都能做出更有效的道德選擇。讓每一個人在家中、在職場和社會上都能對兩難的困境表達意見。且讓我們用我們每天做的決定，為自己，以及我們現在和未來會接觸到的每一個人，打造一個更美好的世界。

第1章 驅除二元

二〇一九年三月十日，涼爽、晴朗的星期天早晨，機長格塔丘（Yared Getachew）與副機長穆罕默德（Ahmednur Mohammed）[1]（本書註釋請參閱第267頁）進入衣索比亞航空三〇二班機的駕駛艙，預定展開一趟為時兩小時的飛行，從衣索比亞阿迪斯阿貝巴博萊國際機場（Addis Ababa Bole International Airport）飛往肯亞奈洛比。二十九歲的格塔丘機長前景看好，雖是衣索比亞航空史上最年輕的機長，但已有八千一百二十二小時的飛行時數，與「絕佳的飛行紀錄」[2]。他和二十五歲的副機長穆罕默德以往都是在衣索比亞航空學院（Ethiopian Aviation Academy），非洲最大的航空學校受訓。那天他們要飛的是全新的波音737 Max 8[3]：全球最大航太公司生產[4]的最新型噴射機，機齡才四個月。

上午八點三十七分[5]，管制塔台給予飛行員起飛許可，飛機便開始在跑道滑行、加速，而後升空。三〇二班機上有來自三十五個國家的一百五十七名乘客及機組員。乘客中有環保人士、教育學家、非政府組織代表、旅行的退休人士，還有一名帶了四個孩子的母親（孩子年齡最小九個月、最大三十三歲）。

據衣索比亞調查人員指出，起飛後不久，駕駛艙的警報就響了，警告飛行員機頭與風流的夾角達七十五度[6]，這角度非常危險，有可能導致致命的失速。忽然，控制面板左側的速度和高度讀數和右側的讀數出現差異，而在機長的操縱桿上，俗稱自動震桿器（stick shaker）的裝置開始猛烈地咯咯作響，警告失速迫在眉睫[7]。

然而，那是不正確的警報。飛機飛得完美極了。是兩部攻角（angle-of-attack，AOA）感測器的其中一部故障，進而啟動自動防止失速系統。眾所皆知攻角感測器會彎曲、破裂、結凍，還會遭到鳥類攻擊而受損。據CNN分析，從二〇〇四年起，負責管理美國航空及飛行器安全的聯邦航空總署（Federal Aviation Administration，FAA）已接獲兩百一十六次攻角感測器故障或須維修、替換或調整的報告。二一六或許看來不是什麼大數目，但這些重要的安全裝置至關重大，能讓飛行員警覺自身處境。但波音公司卻做了這個關鍵決策：一部感測器的警報即可觸發Max 8的防止失速系統，不需要第二部做失效保險（fail-safe）[8]。

當一部攻角感測器顯示機鼻仰角過高而有不穩定的危險時，名為操控特性增益系統（Maneuvering Characteristics Augmentation System，MCAS）[9]的軟體系統就會自動啟動，調整尾翼高度藉以壓低機鼻。假使當初波音公司要求必須兩部攻角感測器意見一致才能啟動MCAS，也許就能防止這場致命災難發生。當三〇二班機來到兩千七百公尺高，MCAS接獲錯誤的感測器資料，強迫噴射機進行俯衝。格塔丘機長努力拉起飛機，MCAS又自動壓低飛機，一而再、再而三。兩位飛行員面臨四個多月前獅子航空六一〇班機（波音同型飛機）在印尼碰到的混亂情況。在那起墜機空難，自動震桿器大聲震動、控制讀數出錯、一部攻角感測器發出錯誤警報，接下來長達十二分鐘[10]，大惑不解的機長跟他自己的飛機展開激烈拉鋸戰。獅子航空六一〇班機升升降降二十一次，最後衝進爪哇海，機上一百八十九人全數罹難。

在獅子航空失事後，聯邦航空總署發布緊急適航指令（airworthiness directive），警告飛行員，故障的攻角感測器可能啟動737 Max 8和Max 9機型的自動「機頭向下修正」（nose-down trim）系統。波音公司亦公告指示飛行員注意現行處理錯誤攻角資料的程序：他們可以拍打控制面板上的一連串開關來關閉系統、停止「機頭向下」的指令。雖然沒有人提到MCAS的名稱，但這還是飛行員第一次知道，原來新型737 Max飛機有這樣的系統存在。

副機長穆罕默德照指示拍了關閉MCAS的開關。機長格塔丘用力拉操縱桿手動拉起機頭，但作用於尾翼的氣動力讓他辦不到。「跟我一起拉，」格塔丘跟副機長說。於是兩人一起抵抗一百八十磅重的力。情急之下，他們又打開系統，希望用電力來重新控制尾翼。但MCAS再次介入。就這樣，在從阿迪斯阿貝巴起飛六分鐘後，三〇二班機以超過每小時九百公里的速度衝向一塊荒蕪的田野。衝力之大，讓救援直升機費了好一番工夫才找到墜毀地點，因為飛機已埋入地下十公尺深。無人生還[11]。

三〇二班機的困境之所以吸引全球目光，不只是因為其結局悲慘，也因為它和獅子航空失事簡直如出一轍。對飛機的不信任感蔓延開來，接著便是普遍不信任波音公司和FAA的決策過程。

波音公司和FAA對那次危機的反應與各國政府的反應迥然不同，也背離現實。事發隔天，也就是三月十一日星期一，波音發表聲明表達對三〇二班機家屬與摯愛的慰問之意，同時堅持737 Max是「安全的飛機」[12]。FAA則發布「持續適航通知」，表示它正在調查，若「資料顯示必須採取恰當的行動」就會去做，但它尚未獲得充分的資訊來「做出任何結論或採取任何行動」。但這兩起意外已太令人驚恐，衣索比亞航空立刻停飛其Max機隊[13]，中國民用航空局也勒令國內九十六架Max飛機全部停飛，其他航空公司與國家迅速跟進。

三月十二日星期二，失事兩天後，英國、德國、法國、澳大利亞、馬來西亞和新加坡已禁止Max飛機飛越其領空，阿曼、挪威、南韓的航空公司全都停飛Max機隊。但美國沒有。當時，波音公司是美國最大的製造業出口商，二〇一八年總營收達到創紀錄的一兆美元，在全球各地雇用十四萬五千名員工，和國內一萬三千家供應商做生意，包括Max引擎的製造商奇異電氣（General Electric）等公司。

星期二上午，波音執行長丹尼斯・米倫伯格（Dennis Muilenburg）親自致電川普總統（Donald Trump），向總統保證：沒有必要驚慌，「Max 飛機安全無虞。」[14]

看著新聞報導，我毛骨悚然，也為罹難者與他們的家屬、摯愛感到心碎。我也認為這起悲劇就是一張由失敗決策和漠視道德編織成的網。在事發後幾天，我繼續驚恐地見到同一批決策者不肯為其決定負起全責。然後我把焦點轉向**我們**的決定：我們什麼時候、在何種情況下該搭 737 Max？我們可以怎麼評估其風險？米倫伯格後來告訴記者他「一定」會承擔那個風險，把自己的家人送上那種飛機[15]。至於我，答案是絕對不會。

至三月十三日星期三上午，已有六十多國禁止波音 Max 噴射機進入領空。但ＦＡＡ的立場絲毫不見動搖。在前一晚發表的聲明中，該機構說它還在審閱資料，但「沒有勒令停飛的依據」，也沒有資料提供「展開行動的正當理由」[16]。

容我澄清：評估證據與資料至關重要，不僅杜絕悲劇重演，也為持續監控安全風險和新技術。然而資料與波音和ＦＡＡ在五個月內兩架同型飛機奪走三百四十六條人命後所面對最關鍵的問題毫無關係：我們該不該允許 737 Max 繼續飛航？重點不該是估算平均值或評估出事的可能性。唯一的焦點應是排除任何失去生命的機率。而要達成這個目標唯有一途：停飛。而這就是川普總統星期三下午所做的決定：他指示

FAA下令停飛所有737 Max 8及Max 9機隊，因為「安全」乃「至高無上的考量」。

次月，調查人員將揭露大量波音公司不只有安全問題的證據。這家有一〇三年歷史的美國公司，已在道德的路上迷航。在這件漠視人命的醜聞中，波音不僅對安全議題和技術差錯視而不見，也未能將道德融入公司每一個層級的決策過程，導致民眾對這個備受敬重的機構信任崩潰。當時波音的網站宣稱：「我們對於企業道德行為的立場很簡單：每一次都要做對的事，絕無例外。」[17]但例外卻一而再、再而三出現，瓦解了顧客的信任，而顧客的信任，正是波音公司最有價值的貨幣。

■

波音公司的悲劇為我們這個時代吹響號角，清楚呈現近年來道德在我們的決策衰退得有多急遽，而往往造成嚴峻的後果。為什麼現今道德比以往更重要呢？當法律落在現實後面，界限，或是我所說的「邊緣」模糊不清，我們要怎麼做出好的決定呢？那個邊緣是法律不再保護我們，獨留道德引導我們做決定的地方。就算在法律確實有效運作之處，法律也是最小公分母，不是最高，甚至不是夠高的行為標準。道德的運作必須凌駕法律之上。

這一章將探討**驅除二元**的重要性，這是影響邊緣地帶道德決策的六大作用力之首。二元決策涉及兩個明確選項之間的選擇，例如波音面對保護生命和追求獲利之間的選擇。但大部分的道德決策，特別是邊緣地帶的決定，需要我們去除法律與道德的二分法，克制我們把道德問題過度簡化成選邊站的傾向，如「是否」、「黑白」、「善惡」等等。我們很容易不假思索地把人、行為和行動歸類為「有道德」或「沒道德」。你將見到，這種道德標籤，或曰「速記法」，並不是合乎道德的決策。

二元決策或許需要針對風險和機會進行深入的辯論，比如公司該不該把無人機的技術賣給政府。這類決定的答案也可能簡單明瞭。例如「社群媒體平台是否該容忍性販運？」、「教師是否該容許教室發生霸凌事件」等問題，都需要二分法的答案：不該。

但在邊緣地帶，我們更常遭遇**非二元**的道德挑戰——進入灰色地帶，包含各層面不斷演變的風險與機會。因為周遭世界一直在變，道德界線日益模糊，我們常陷入找不到簡單答案的道德兩難。我們往往必須把「我該不該……？」的問題替換成更開放、更實際的問題，也就是我針對波音事件問的：「**我什麼時候、在何種情況下該……？**」以非二元的詞彙刻劃我們的道德兩難有助於將選擇錨定於**現實**：如我這麼告訴我的學生，雖然你可以恣意在現實範圍外「遵行道德」，但你終究要與非常真實的後果共處。

我們需要做的決定大多**不適用二分法**：但我要先舉波音公司的例子來闡明選擇仍有對錯、是非之分。波音的故事是名副其實的**二元**決策……以及反應失敗的例子。它的問題非常簡單明瞭，風險高得不能再高。

在開始檢視波音公司的決策之前，我們需要更深入了解Max機型是怎麼導致波音垮台的。一切當從二〇一〇年，波音最大的競爭對手，法國航空製造商空中巴士（Airbus）宣布推出能減省二〇%燃料的新型噴射機開始。當波音得知自己的長期客戶美國航空考慮購買兩百架空巴新型飛機，他們倉促地想要競爭。

打造一架新飛機可能要花十年，且需要昂貴的飛行員訓練，因此波音決定更新現有737機型，配備省油的新引擎。二〇一一年八月，波音公司董事會同意在二〇一七年推出換新引擎的737，名為Max。還沒開始建造，該公司已接獲四百九十六筆新省油飛機的訂單。但波音工程師隨即發現，當龐大、現代化的引擎裝到最早於一九六七年打造的機型上，會出現嚴重的問題。首先，737非常靠近地面，也就是沒有足夠空間在機翼下裝更大的引擎。於是，他們把新引擎在翅膀上稍微挪高一點，也往前移。但這樣會使空氣動力出現偏差：當飛機在起飛期間全力衝刺，機頭有可能仰得太高而造成失速。起初，他們探究了改變機翼形狀或是在機翼加裝小金屬葉片來改變氣動的構想。當那些選項皆不可行，波音便研發MCAS做為軟體應急方案。MCAS最早設計成仰賴兩種輸入：單一AOA感測器與重力。如果飛機的攻角和重力都太高，MCAS就會巧妙調整飛機尾翼來把機頭壓下來。但工程師隨即發現，飛機不只在高速，在低速時也可能遭遇氣動不穩定，因此去除重力這個啟動要素。也就是說，現在，光一部AOA感測器就可以啟動MCAS了。

根據波音提供給管理者的「系統安全分析」，FAA核發證照給MCAS及其單一感測器啟動功能。但後來波音工程師又讓MCAS更強大、更具侵略性——卻沒有更新FAA的認證文件。在飛機正式交給顧客時，MCAS可移動尾翼的幅度，已是原本打算的四倍，還可以自動重新設定，一再壓下機頭，就算飛行員把它拉起來。根據波音領導階層的證詞，飛行組員已受過處理所謂「失控穩定器」（runaway stabilizer）的訓練——一種也會導致機頭掉下去的事態。正因如此，波音管理階層「認定」駕駛員會以同樣的方式反應及解決MCAS亂啟動的問題：拍打控制面板上的開關、關閉系統動力。

波音有瑕疵的假定鞏固了數個失策。首先，那些假定是以這個事實為基礎：在測試時，波音的資深飛行員都能辨識機頭掉下去的危險，拍掉開關、在四秒內控制住飛機。但測試並未考量駕駛艙混亂的場面或其他潛在變因。國家運輸安全委員會（National Transportation Safety Board, NTSB）在二〇一九年正式報告中明確指出，FAA應發展新的設計標準並要求執行機上診斷工具來提高飛行員的效能。NTSB也指出「產業專家一致承認，飛行器系統的設計應將人為疏失的影響減至最低」。

此外，波音（經FAA許可）提供Max飛機（單一感測器即可啟動MCAS的機型）時並未提供額外的飛行員訓練，操作手冊上也對MCAS隻字未提。退休機長契斯利・薩倫伯格（Chesley “Sully” Sullenberger），二〇〇九年將飛機安全降落在紐約哈德遜河而舉世聞名，二〇一九年六月他向國會次級委員會解釋：「在這兩起意外之前，我懷疑有哪間美國航空公司的飛行員曾在模擬機訓練時碰過這種情況。」他堅決主張不該叫飛行員彌補飛機設計的「先天缺陷」。

決策之所以失敗，部分原因出在FAA於安全認證過程中給予波音愈來愈多權力。在某種程度上，納入公司工程師是合理的[18]。波音擁有專業，可幫助FAA處理FAA沒有資源或時間管理的細節。最早，認證工程師是由FAA任命，直屬於FAA裡的工程師，而由波音支付薪水。但來到二〇〇四年，制度變了，他們現在由波音經理人任命、從屬於波音經理人，由波音經理人定奪要向FAA報告什麼。這些變革賦予波音經理人更大的權力，卻減損認證工程師的獨立自主——而波音充分利用了這些變革。

《紐約時報》與《西雅圖時報》進行的調查發現，波音領導階層是如此汲汲營營於勝過空中巴士，且如此聚焦在生產速度及成本，使其工程師被迫「以正常速度的兩倍」提交技術，經理人則在「緊迫的期限和嚴格的預算底下」工作。一名吹哨者聲稱該公司曾在三個不同場合否決原本可能阻止這兩起致命墜機的安全措施[19]。

波音的決策過程因趕著衝向終點線而崩解，後續也是如此。二〇一七年，在交機幾個月後，波音發現「攻角不一致警示器」（AOA disagree alert）有個錯誤。不一致警示器是標準配備，在兩部攻角感測器讀數不同時通知飛行員——也就是可能有一個故障的訊號。波音發現的錯誤是 Max 機型的不一致警示器，與第二種選擇性的配備：要**多花錢**買的「攻角顯示器」（AOA indicator）錯誤地連結在一起。也就是說，如果航空公司沒有加購攻角顯示器，那他們的不一致警示器就無法運作。波音沒有告知顧客和飛行員這件事，反而決定等到二〇二〇年下一次表定軟體更新時再修正這個錯誤[20]。

不一致警示器也許可以通知獅子航空和衣索比亞航空的飛行員有一部感測器故障，藉此幫助他們更快速地辨識問題。但兩家航空公司都沒有加購攻角顯示器，因此警示器沒有運作。Max 的客戶中約有二〇%買了攻角顯示器，因此只有這二〇%擁有這種安全配備。就連三家購買 Max 機型的美國航空公司，也只有美國航空和西南航空加購，聯合航空沒買。

Max 8 在二〇一七年開始服役，迅速成為波音史上銷售最快的機型，這是轟動全球的成就，但沒過多久飛行員就開始與飛機搏鬥，而後便是那兩架飛機從天空掉下來。Max 原本意在鞏固波音全球飛機製造龍頭的地位，結果反倒凸顯道德上的緊急情況。

■

讓我們細究波音公司面對的三個關鍵二元決策。

首先是二〇一七年，高階主管得知公司因故使一項安全配備（攻角不一致警示器）成為加購項目而非標準配備。在那個節骨眼，該問的問題是：我們是否要揭露資訊且進行補救？

波音公司採取的立場是：不一致警示器只是提供「附加資訊」[21]，而非安全配備。舊型的737或許真是如此，但波音應該知道強勢的MCAS系統已讓警示器轉變為**必要**的安全配備，為飛行員提供重要的資訊。波音沒有揭露資訊也沒有修正錯誤，反而決定三年後趁軟體更新時再改。

接下來，在第一架飛機於印尼栽了之後，波音該做的選擇是：我們要召回這些飛機，到弄清楚事發原因、依此補救並訓練飛行員後再復飛，或是繼續讓它們在天空翱翔？公司不但繼續讓那些飛機在天空翱翔，還採取歸咎**飛行員**這個荒謬的立場。「對於飛行員以及飛行員會做何反應的假設，我們採用業界標準。」二〇一九年十月波音總工程師約翰．漢密爾頓（John Hamilton）在美國參議院的聽證會上做此聲明[22]。因為MCAS失常的情況與失控穩定器的問題類似，波音領導階層認定飛行員應該知道拍打開關來把MCAS關掉。但誠如薩倫伯格同年稍早告訴國會的，飛行員理應駕駛「沒有人挖陷阱讓他們跳」的飛機。

不管飛行員該不該知道怎麼做，都是波音有瑕疵的軟體造成一八九人喪命。這是有明確答案的二元決策：召回飛機，隨即修復安全失效問題，並訓練飛行員。

第三個決定，波音和FAA都要做的決定，在第二架飛機於衣索比亞失事時出現：我們要不要允許飛機繼續飛？結果不但沒有停飛，執行長米倫伯格還打電話給川普總統保證飛機安全無虞。波音繼續讓 Max 737 翱翔萬里，FAA 也允許——就算已有六十多個國家示範正確答案了。

波音危機證明，當我們未能將道德融入決策，就連最簡單明瞭的二元決策也可能出差錯。如果我們就連人命危急關頭也無法正確地洞悉二元問題，一旦邊緣變得模糊，面臨非二元決策之際，我們的挑戰就艱鉅多了。

在邊緣地帶，複雜的道德問題往往需要我們聚焦於「驅除二元」的思考，因為那可能導致那種固執己見、過分簡化而未以現實為根據的「對」、「錯」解方。我們這些日子在世界各地見到的種種不切實際的二元選擇，諸如英國該留在歐盟還是離開（脫歐），美國該不該在南方美墨邊界築牆，其背後的議題都需要以微妙的方式加以解決。

舉個應以**非二元**反應處理的兩難事例，就算那乍看像是二分法的問題：你的朋友刪掉她手機上的 Uber 應用程式，說你也該這麼做，因為那家公司長期剝削駕駛、規避地方法律。「刪」或「留」是二元決策。請驅除二元論，改問：我什麼時候、在何種情況下要刪掉這個 app？在效法朋友之前，你該考量其他哪些因素、哪些人呢？也許 Uber 比較方便，因為你住在很難叫到計程車的地區。也許你認識哪個老師或單親爸媽兼開 Uber 來貼補彈性工作的所得。他們會受到什麼樣的影響？共乘公司也幫助了住在特定都會區的居民，他們深受計程車司機地區歧視所苦，叫不到計程車。這些因素會怎麼左右你的決定呢？或許你不會單純「刪」或「留」，而會把 app 留下，但只在真的叫不到當地計程車、沒有公車或地鐵，或酒後不開車時才使用。

當我們立刻選邊站，從而過度簡化道德困境，便同時錯過機會與風險。我們未能鑑定可能形塑決策的資訊。我們忽略了相關的利害關係者，例如老師和單親爸媽。我們也忽視我們的行動和他人的行動都有潛在影響的事實，例如支持一家公司的不良安全紀錄。

我們全都擁有驅除二元思考、就每一個決定做出好選擇的權力。二〇一八年，我有機會採訪艾美獎得主，作家及製片人諾曼．李爾（Norman Lear）。我絕不會忘記他的開示：我們常選擇不要投票，看見惡行默不作聲、不假思索就去買只能使用一次的塑膠瓶裝水。認為我們一個人的決定不會造成差異是人之常情。但一如李爾所堅持：「我們必須明白，我們做的每一件事都很**重要**。我們都很重要。」

我們的選擇很重要。我們的選擇影響了我們的日常習慣與人際關係、決定我們人生的軌線，並對其他人造成衝擊。選擇有累積效應。下一個故事將闡明「驅除二元」在道德決策，以及非二元商業模式之中的力量。

二〇〇七年九月，兩位住舊金山的室友、同為二十七歲的布萊恩・切斯基（Brian Chesky）和喬伊・蓋比亞（Joe Gebbia）努力要繳房租。在此同時，城裡要舉行一場大型設計會議，飯店房間都賣光了。兩人在客廳給三張充氣床充氣、煮早餐給客人吃，給他們提供的臨時膳宿取名為「充氣床與早餐」（Airbed & Breakfast）。

一年後，他們與共同創辦人奈特・布萊卡斯亞克（Nate Blecharczyk）一起成立 Airbnb：讓私人住家的「主人」提供沙發、臥室或整間住家給「客人」短期租賃的網路市場。旅人可節省一些住宿費用，還有機會跟當地居民互動；屋主賺取額外收入；Airbnb 則推薦民宿給準客人、處理通訊和付款，並允許屋主在審核客人的網路個人檔案後決定接受或拒絕。

儘管最早的創業投資人懷疑民眾會讓陌生人進入自家，到了二〇二〇年，Airbnb 的市值估計達到兩百六十億美元，有七百萬份表單：包括一萬四千間小屋、四千九百座城堡、兩千四百間樹屋，遍及全球十萬座城市。短期出租的私人住家和城堡，既非飯店，嚴格來說亦非住宅。Airbnb 推進了邊緣。

Airbnb 是俗稱混合經濟的一部分。像 Airbnb 這種以網路為主的公司是透過網際網路連結顧客（在這個例子是旅人）與供應商（屋主）。他們消除了餐旅業一部分的需求，包括旅行社和接待員等中介的人物。

就最佳情況而言，諸如來福車（Lyft，乘車）、TaskRabbit（零工）、Turo（租車）、Rover（寵物照顧）等混合經濟公司，讓我們能迅速、及時取得我們需要的產品和服務。但由於建立於混合商業模式上，這些公司不時面臨未知的道德決策挑戰。

二〇一七年美國總統日的週末，二十五歲的加州大學洛杉磯分校（ＵＣＬＡ）法學院學生黛安·蘇（Dyne Suh，音譯）[23]赴加州大熊湖（Big Bear）山區旅遊，透過Airbnb在那裡租了間小屋，跟未婚夫、兩個朋友和朋友的兩隻狗共度漫長的假期週末。一個月前，蘇預訂小屋兩人住宿，但後來傳訊息給屋主塔蜜·巴克（Tami Barker）詢問能否多加人和寵物。巴克跟她確認費用是每晚多收五十美元。在往大熊湖的路上，這群人碰到一場暴風雪，使原本兩小時的車程變成五個鐘頭、雨雪交加、道路封閉、暴洪警報的苦難。當蘇傳簡訊給巴克告知他們終於到了，巴克回說她從來沒有答應加人。蘇傳了兩人簡訊的螢幕截圖過去，以為巴克只是忘記。她收到的回覆令她震驚：「如果妳以為在大熊湖山區一年最繁忙的週末四個人加兩條狗一晚只要五十美元……妳一定是瘋了。」

巴克取消了訂房，讓這群學生陷入困境。當蘇揚言要上Airbnb舉報，巴克反擊：「去啊。就算地球上只剩妳一個人，我也不會租給妳。三個字足以說明一切：亞洲人。」

她沒多久又傳了：「我不會允許這個國家讓外國人告訴我們該怎麼做。」

碰巧一家地方電視台的工作人員在附近報導暴風雪，一名記者採訪蘇，問她的經歷，錄下這位淚流滿面的年輕女子無助站在雪中的畫面。「我三歲就來這裡了，」蘇說：「美國是我的家。我自認是美國人。但這位女士因我是亞裔而歧視我……我覺得很受傷。」

她並不孤單。近兩年前，即二〇一五年三月，二十一歲的葛瑞格里・賽登（Gregory Selden）在詢問一家費城 Airbnb 住宿時也有類似的經歷。主人回說沒有空房，但賽登發現網路表單上仍有空房。身為黑人的他建立了兩個假個人檔案：「傑西」和「泰德」，放白人的照片。他同一天再問一次，傑西和泰德的訂房雙雙獲得同意。後來賽登在 Twitter 上寫他的經歷，加了 #airbnbwhileblack 的標籤，激出：「數千次轉推；有數千人經歷過一模一樣來自 Airbub 代理人、管家或員工的差別待遇。」

二〇一五年十二月，《彭博社》（*Bloomberg*）報導哈佛商學院一份研究初稿發現，Airbnb 平台普遍有歧視問題。研究人員建立二十個假的 Airbnb 個人檔案，除了名稱外其他面向都一樣。半數用典型聽起來像黑人的名字（如「拉奇沙・瓊斯」〔Lakisha Jones〕和「泰隆・羅賓森」〔Tyrone Robinson〕），半數用聽起來像白人的名字（「葛瑞格・歐布萊恩」〔Greg O'Brien〕和「安妮・墨菲」〔Anne Murphy〕）。他們用假帳號向大約六千四百位屋主詢問巴爾的摩、達拉斯、洛杉磯、聖路易和華盛頓特區的民宿。

使用聽來像黑人名字的承租人，被主人接受的比率比白人名字少一六%。雖然假檔案沒有放照片，研究人員仍判定 Airbnb 的平台鼓勵種族貌相（racial profiling），因為屋主在決定接受或否定請求前可以審閱照片和個人資料。

不妨想像一下，假使你走進汽車旅館問有沒有空房，而櫃檯人員要你填申請表，還幫你拍照，要給老闆看。他離開了一會兒。當他回來，他告訴你老闆拒絕你的申請。這個在《史丹佛法律評論》（*Stanford Law Review*）中由畢業生麥可・塔迪斯科（Michael Todisco）優美分析的劇本[24]，直接違反《一九六四年美國民權法案》（*U.S. Civil Rights Act of 1964*），那禁止公共寓所歧視。然而，這種情況每一天都在 Airbnb 上演好幾百遍，卻幾乎完全不會被懲處。

賽登和蘇的遭遇，誰該負責呢？Airbnb 又該盡什麼責任來防止及回應屋主和客人的惡行呢？我們很想譴責 Airbnb 容許屋主種族歧視的行為。但既為一種新的混合商業模式，Airbnb 勢必面臨之前未出現過的挑戰——非二元的道德兩難。《一九六四年美國民權法案》第二章禁止「基於種族、膚色、宗教、血統的歧視」。根據此法：「所有人民有權充分、平等享有任何公共食宿地點的物品、服務、設施、權利、優先與膳宿。」而所謂「食宿地點」包括「任何旅館、飯店、汽車旅館或其他為過路旅客提供住宿的機構」。但那嚴格來說未涵蓋私人住家[25]。屋主有權利掌控邀請誰進入他們的空間。Airbnb 沒有做任何違法的事。但違法不是適切的道德標準。

創造者、創新者（像切斯基、蓋比亞、布萊卡斯亞克等創辦人）和公司投資人，對道德決策有相當巨大的責任（雖然不是全部責任）。規範永遠趕不上創新，政府永遠窮於修正現有的法律或增加新的條文。公民與社會永遠需要時間來經歷及評定創新帶來的機會與風險。

Airbnb 的創站使命是帶給身在任何地方的任何人一種連結感：「我們展望一個你可以四海為家的世界。」（今天的聲明大同小異：「營造一個人人可四海為家的世界。」）歸屬感是個鼓舞人心的目標，但創始人忘了問：什麼時候、在何種情況下，他們的技術可能容許甚至放大基於種族或其他特徵的歧視？什麼時候，飯店旅館必須依法接待的客人，在 Airbnb 的民宿可能覺得不受歡迎？他們什麼時候可能被當成**不屬於**這裡來對待？

在這樣的邊緣地帶，公司必須預先考慮法律未能充分提供決策指引之處，必須願意做得比法律規定的多，致力於道德決策。身為顧客、員工、家長和公民的我們，也必須如此。

道德決策的架構可以幫助我們將道德融入任何決策；那適用於個人、組織和政

府；也鎖定你特殊的兩難和境況為目標。

首先，這個架構訓練我們避免將前衛問題過度簡化成二元問題，因為它會產生一連串有細微差異的考量，而非「做」或「不做」的選項。有時架構中會有明顯過大的機會或風險，迅速促使你做成珍貴的「是／否」答案：例如波音的安全決策，或種族歧視的例子。但既是在邊緣地帶，我們的決定大多不是非黑即白，而需要關注細微之處。當你排除二分法，理解其他五種影響道德的作用力，便是做了更充分的準備，足以應付任何道德挑戰。

我已在全球大大小小、形形色色的組織實地測試過這種可分成四個步驟的架構，從跨國公司、科技新創公司、學術機構到醫院。也測試過個人，從執行長、學生、努力與道德複雜的新聞報導搏鬥的新聞從業人員、我出任董事會的同僚、我道德研究的對象，以及客戶各層級的員工。學生常敘述他們如何在擔任的新角色應用這個架構，從檢察官辦公室的暑期實習，到國際性銀行的第一份工作。我擔任顧問的企業和非營利組織領導人則在發展關於辦公室關係的多元包容政策及指導方針時運用這種架構，藉此確保每一層級的員工都能將道德納入決策過程。

這個架構可應用於任何決策，不論是處理職業上的兩難（我該不該因為不同意公司政策而離職？）、個人事務（是時候該拿走長輩的車鑰匙了嗎？），或是思考你的選擇會怎麼牽扯到更廣的層面（如果我買了這件 T 恤，會不會傷害環境，或成為某個國家不良工作環境的幫兇？）。

運用這個架構也能幫助你評估和理解他人的決定和行為，不論是你投票支持（或不支持）的政治人物、你所屬公司和組織的領導人、你欣賞但私領域令人煩惱的公眾人物。勤加練習，那就會成為你的一貫自動反應，在任何道德困境皆能運用自如。

這四個容易回想的步驟，以及從這四個名詞衍生的問題，能幫助我們聚焦：**原則、資訊、利害關係者及後果**。

問題（一）：我的指導原則是什麼？

你是誰？你個人或在組織裡是何身分？你代表什麼？

我們的原則確立了我們的身分，並告訴世界可以對我們抱持何種期望，以及我們期望他人有什麼樣的言行舉止。原則適用於我們生活所有面向的道德選擇。

原則不是一成不變的規矩，例如「睡覺前不准吃巧克力」或「茶水間不准吸菸」。原則是恆久的指引，協助我們處理複雜的問題，讓我們能做出一致的選擇。這就是為什麼在做準道德決定之前先建立原則，是至關重要的事。我們不會改變原則，也不會視情況挑揀最方便的原則。而個人或組織的原則，也應適用於其有關的每一個人身上。

波音列出誠信、品質、安全、多元與包容、信任與尊重、企業公民責任及利害關係者的成就為公司七大「恆久價值」（Enduring Values）[26]。表面上，這些是值得讚賞的原則，看似適合一個天天都要為數百萬民眾安全負責的全球企業。倘若波音領導階層實行、遵守這七大原則，第一次失事後就會立刻停飛，就算第一次沒這麼做，也該在第二場空難後停飛。他們也會讓不一致警示器成為強制性的安全配備，而非特殊選項。換句話說，波音會走在將道德融入決策的路上。多數不算前衛的決策會允許我們遵守所有原則。

但波音並未將上述任何原則納入決策。事實上，他們將獲利和競爭優勢置於所有原則之前。為追逐獲利，波音走捷徑、施壓員工、敷衍管理者、堅稱自己的飛機安全無虞。波音估計，光是二〇一九年，Max 危機就讓公司多付出一百四十六億美元[27]。自相矛盾的原則可能極難解決。但就波音的例子而言，那些原則並不衝突。並不需要犧牲哪一點才能獲致安全。需要犧牲的只有貪婪和市場霸主地位。

二〇一五年，在 Airbnb 意識到屋主種族歧視帶來的挑戰之際，他們的原則是：當個主人、支持使命、每個細節都重要、做「玉米片」企業家、簡單就好，以及擁抱冒險[28]。

這些不僅難以理解，也無法發揮原則該發揮的作用。就個人而言，這些並未提供明確的決策與行為指南。就集體而言，他們沒有為 Airbnb 創造認同感。「當個主人」適用於財務長或管理者嗎？「做『玉米片』企業家」（向該公司早期賣玉米片籌資致敬）

對只是在找地方過夜的客人有意義嗎？

道德決策的架構絕對不該拿來鎮壓或不必要地封阻對社會有益、有用的創新。但當原則不明確的時候，往後做成的決定就會矛盾不一、衍生不必要的衝突。Airbnb 試著依據這些原則運作，但它忽略了一些若要達成為所有客人建立連結感與歸屬感的使命，務須做到的關鍵標準。像波音公司列出的「尊重」和「多元與包容」等原則到哪兒去了？不同於波音，Airbnb 的領導者做出合乎道德的反應，致力落實這些太不明確而無法引導決策的原則。如同創辦人所承認，Airbnb 的原則原本可以一面擴增機會，一面將風險減至最低的。尊重他人與杜絕歧視本來就不會妨礙創新。

在邊緣地帶，原則可能相互牴觸是因為一項決策的所有面向常有對錯、機會與風險之分。矛盾的原則甚至可能令我們心碎。例如，如果你在地鐵站看到無家可歸的孩子從報攤小販那兒偷了一包洋芋片，你會秉持誠實原則告知小販嗎？或者你要秉持同情原則讓他偷？提出這個例子的學生決定自掏腰包，付給小販被偷洋芋片的錢——在處理矛盾原則以便解決問題時不失合理的做法。

每一年我都會請我史丹佛的學生寄給我他們的七大原則。有些人選擇個人特質，例如誠實和好奇心；有些人選擇優先事項，例如教育和家人。我通常建議個人和組織考慮五到八項原則。

一旦決定好你的原則、開始應用道德決策的架構，你會發現，在你做決定並評估他人的選擇時，那些原則會自動浮現腦海。而當你的決定動搖時（偶爾難免如此），你的原則會成為你第一個停泊的港口。

史丹佛大學「邊緣地帶的道德」課程

2019 年學生的原則——依普遍程度排列

誠實	關心	自覺	信念
誠信	樂觀	韌性	動力
仁慈	公正	智慧	教育
同情	自由	挑戰	個體性
忠誠	紀律	平等	堅持
同理心	堅忍	學習	成就
真誠	正義	快樂	善意
尊重	智慧	效率	慈善
負責	可信賴	幹練	謙遜
好奇心	適應力	感激	公平
承擔	包容	一致性	知識
謙卑	勤奮	可靠	心胸開闊
奉獻	努力	率真	勇於冒險
家人	喜樂	社區	獨立
自主性	寬大	友誼	
成長	人性	利他	

問題（二）：我擁有做此決定所需的資訊嗎？

以及，有什麼重要的資訊，落在你應該知道與你可以獲得的資訊之間的缺口？

企業家愈來愈常在我們可以充分評估新產品可能怎麼被使用或誤用之前，或創造者徹底領會新產品技術的力量與能耐之前，就把新產品推出來了。於是，身為消費者、員工、家長的我們，還來不及充分理解新技術的機會和風險，就已經在用了。在這兩者之間，管理者追趕不及。我們必須在推出、使用、管理技術之前仔細斟酌**資訊**才能做出深思熟慮的道德決定，偏偏技術之複雜已讓資訊變得更加複雜且不可預測。相關資訊大多與六種作用力息息相關。我們想要診斷癌症的機器人嗎？我們該准許飛天計程車嗎？我們該禁電子菸嗎？

今天，在我們擁有或可接觸到的資訊，與我們做道德決策所需的資訊之間，往往有不小的缺口。你有多在意這個缺口——我們欠缺但需要的資訊呢？你要提出問題，聆聽、觀察、檢視、釐清影響你決定的因素，一旦資訊改變，通常也要重複這個過程來修正路線。想想：

- 你查過各種資訊來源，並與他人交叉比對你的觀點了嗎？
- 你的理解有可能因為未來有新資訊出現而大幅改變嗎？

- 你仔細搜尋事實了嗎？或只是聽你想聽的、看你想看的來支持先入為主的觀點，或是「做」與「不做」等二分法的應急答案？

我在蒐集資訊時會盡量避免諸如「以為」、「推測」、「似乎」、「視為理所當然」、「應該沒錯」、「八成是」或「直覺告訴我」等詞語，因為這些可能通往高風險的捷徑和成見，而非真相。猜測會造成過度簡化、非黑即白的反應，而非灰色調的現實，因為我們從未獲得有細微差異的資訊。

有時我們做出不良決策是資訊不充分的結果，而回頭看看原因是有幫助的。例如，原因可能是：

- 你不知道某個重要的事實，而**原本就不可能**知道。
- 你不知道那個事實，但**原本有可能**知道。
- 你不知道那個事實，但**應該**要知道。
- 你知道那個事實，但**謊稱**你不知道。
- 你知道那個事實，但**視若無睹**。

其中好幾點讓我們想起波音的故事。波音公司在所有關鍵決策點都掌握了關鍵的資訊，但**視若無睹**。例如二〇一六年，在飛機交貨前，波音的飛行員技術長就形容MCAS在模擬機測試中「大暴走」

（running rampant）。二〇一八年六月，即第一次空難四個月前，波音已得知，假如飛行員超過十秒才對 M C A S 失常做出適當的反應，結果可能「十分悲慘」。但在二〇一九年十月，即獅子航空失事滿一周年、衣索比亞航空失事後，執行長米倫伯格這麼向美國參議院作證：「要是當時我們明白現在知道的一切，我們會做不一樣的決定。」波音早就了然於胸。但他們非但不承擔自己毫無作為的責任，還歸咎飛行員。

另一方面，獅子航空的飛行員則不大可能對風險有充分的認識：不知道不一致警示器失能，不知道有 M C A S 存在，不知道一部 A O A 感測器故障就會啟動強大的抗失速系統，而這些都是他們需要先知情才能避免悲劇的事實。波音並未對飛行員揭露這些資訊。當我們忽視和隱瞞資訊，就是陷自己和他人於危險。

現在讓我們看看 Airbnb 三位創辦人確實知道什麼——以及當他們開始媒合屋主與旅客時**原本可以**或**應該要**知道什麼。二〇一六年七月，執行長切斯基承認，在他們創立公司時，完全沒想到種族主義這回事。「我們三個白人設計平台時，有很多事情沒有考慮清楚。」切斯基坦承。Airbnb 的混合商業模式包含兩部分：網際網路及餐旅。創辦人應當要明白，這兩種要素（個別或合起來）都有種族歧視的風險。種族歧視滲透了網路交流。根據二〇一七年皮尤研究中心（Pew Research）的調查，每四個黑人就有一個在網路上遭受騷擾。另外，飯店、飯店經理和員工向來會依種族給予差別待遇，更是人盡皆知之事。就算 Airbnb 完全沒想過特定的反歧視法律，也該意會到種族歧視透過主人客人滲透其平台的風險。鑒於種族歧視的內容始終在網路氾濫，以及餐旅業眾所周知的種族主義，Airbnb 的創辦人**應當要知道**（或至少**原本可以知道**），在混合旅宿與網路的商業模式中，歧視是必須慎重考慮的事。

透過道德決策的架構來觀察混合商業模式的組成要素，讓我們可以問：「我還應該（或可以）知道什麼？」這個架構或許可以幫助 Airbnb 的創辦人選擇更有力的原則，而更有力的原則也可以反過來幫助他們看見相關資訊。例如，包容與多元的原則或許就能促使創辦人在評估資訊時尋找歧視的證據與風險。

問題（三）：誰，或哪些利害關係者對我的決定很重要？

誰，或什麼可能影響你的決定，或受你的決定影響？

我給利害關係者的定義是任何可能影響某個決定或情境，或受某個決定或情境影響的人、組織、物體或因素。我們常以為利害關係者只有人，但利害關係者也可能是無生命的物體，如果它們會對我們的選擇造成衝擊（或受到我們的選擇所衝擊）。就連你廚房裡的數位助理，如果會給你左右決定的資訊（「外面現在攝氏一度」——我該加件外套），也是利害關係者。利害關係者可以是一家公司、一項政策、演算法、聊天機器人、測驗分數、假新聞、編輯過的基因、政府組織等等。它們可能對你的決定產生正面或負面的作用，而你也可能給予它們正面或負面的影響。

在波音的例子，在 737 Max 悲劇各個階段做成的決策，都對廣大的利害關係者造成漣漪效應，至少包括波音公司的員工、高階主管和股東；波音的供應商及其員工；停飛該型飛機、取消班次的民航業者；全球各地的飛機組員，包括控告波音要求損害賠償的西南航空飛行員；對手空中巴士——二〇一九年供應的民航機數量是波音的兩倍；許多仰賴波音班機的商務行程；FAA——全球飛航安全領導者的地位受損；其他正在研發自動技術的產業——要從這起悲劇記取教訓；當然，還有三百四十六名罹難者、他們的摯愛，以及其他他們素昧平生，卻會受到他們過世影響的人。

我們所做的決定，我們絕對不是唯一的利害關係者。我們的決定從來不只是我們自己的決定。它們會影響許多人事物，其中有些我們在做決定的當下並未意識到，可能永遠不會知道。在邊緣地帶，要鑑定出**所有**實際與潛在的利害關係者是莫大的挑戰，甚至不可能的任務。在我寫這句話的時候，Airbnb 平均每晚要服務遍及全球兩百二十個國家及地區的兩百萬名旅客。此外你還得考慮民宿主人、他們的家人和鄰居、被 Airbnb 影響的產業、牽涉（或未牽涉）到的管理者，以及稅收等等。

我們該從何開始鑑定所有利害關係者呢？我們可以從直接受到結果影響，或直接影響結果的人開始（例如起不了作用的管理者），或從承受嚴重風險的人著手（例如飛機乘客）。若無法鑑定出個人，不妨想想利害關係者的類別（例如波音供應商的員工或 Airbnb 的民宿主人）。如我們將在第二章所見，在邊緣地帶，我們有時甚至沒辦法想像可能有哪些利害關係者，因為我們沒辦法預想一種技術的潛在用途或誤用，或是人們對某些情況的反應。

問題（四）：我的決定近期、中期、長期可能帶來什麼樣的後果？

你可曾在做決定的那一刻想過，你的決定會立刻，以及對未來造成什麼樣的衝擊？

道德決策的架構需要我們在做決定的那一刻考慮其短期、中期及長期**後果**。然後我們應經常檢討架構，以便**隨時間**監控後果，跟上不斷演變的發展。

例如在第一架 737 Max 失事後，FAA研判未來幾個月內，**非常可能**發生類似的MCAS緊急狀況[29]，這樣的警報應持續鳴放。然而，波音公司向FAA保證會修正MCAS的軟體。修正還來不及完成，第二架飛機就摔下來了。早在第一次失事當時，FAA就該知道第二次失事是潛在的後果；一如前文所指出，有沒有額外的資料，與要不要勒令機隊停飛的問題毫不相干。

FAA一位資深官員後來在參議院作證時表示：「從安全的觀點來看，我們深信我們的做法並無不當。」但FAA已愈來愈仰賴波音評估和擔保飛航安全，因此維持現狀是不夠的。恰恰相反。道德考量，即決策可能產生何種後果，才是FAA和波音該問的問題——而底下三個問題能助你迅速評估本身決定的後果：

- 這個決定有哪些潛在後果是**不可挽回又至關重要**的？
- 可能會失去哪些獲得好處的機會？
- 若是我直接受到這個決定的影響，我會有什麼樣的感覺？

假如 F A A 和波音考慮過第一個問題，他們的決定應該相當清楚：在這種特殊情況下，失去人命是不能接受的潛在後果。他們甚至不需要繼續問其他兩個問題。

在波音的悲劇之後，在全球停飛、名譽掃地之後，波音執行長米倫伯格向國會保證該公司正在更新軟體、提供新的訓練、提升安全文化，並進行其他他說會讓波音「安全的飛機更安全」的變革。但這些飛機從一開始就不安全。如果波音的領導階層拒絕承認這個根本問題，那我們要怎麼信任這家公司做出的決定呢？

在適當應用這個架構之後，下一步是分配利害關係者之間的責任。這就是 Airbnb 的故事與波音相反而值得稱許之處：領導人承擔了責任。二〇一六年，在賽登的遭遇及哈佛的研究公諸於世後，執行長切斯基為未能更迅速反應致歉，並稱歧視是「我們做為一家公司所面臨最大的挑戰。那直搗『我們是誰』的核心，傷害了我們代表的價值觀[30]。」Airbnb 針對平台上的種族貌相展開內部調查，並發起全面性的反歧視努力，增加「社群承諾書」要求所有民宿主人簽署，保證「接待 Airbnb 社群裡的每一個人，不分種族、宗教、血統、族群、殘疾、性別、性別認同、性傾向或年齡，都要予以尊重、不評斷、不帶偏見」。

Airbnb 的領導階層也投入顧及許多利害關係者的解決方案。為檢討平台，並為民宿主人設計反偏見的訓練，Airbnb 從政府、學界及法律界聘請備受推崇的專家顧問[31]。公司也邀集不同團體開會徵詢各種觀點：員工、主人、地方官員、政府機構、觀光業者、民權團體，以及曾為歧視對象的 Airbnb 用戶。公司也組成一支有軟體工程師、資料科學家、研究人員和設計師的團隊，以鑑定和撲滅平台上的偏見為己任。

Airbnb 大可推卸責任（**民眾在我們平台上做什麼，不是我們的責任**）或將複雜的道德難題轉變成過度簡化的二元判斷（「飛行員的錯」相對於「我們的錯」），但它蒐集了更多資訊、惦記著資訊的缺口，並依此行動。次年，即二〇一七年初，當黛安．蘇及友人受困大雪紛飛的山區，Airbnb 迅速反應：它給蘇全額退費、提供一行人飯店住宿做為賠償，並撤銷巴克的屋主身分。

蘇本身也是這個情境的利害關係者。她承擔了那個責任，告知媒體她的故事，並向加州公平住房機構提出申訴，最終和巴克達成協議：巴克賠償五千美元、向蘇致歉、上大學開設的亞裔美國人研究課程、擔任民權組織志工等等[32]。

切斯基在此次事件展現他有能力持續評估資訊，並且將 Airbnb 決策的利害關係人與後果納入考量。兩年後，二〇一九年，在北卡羅萊納郊區一間 Airbnb 租屋舉辦的萬聖節派對轉變成槍擊案的現場。切斯基宣布設置全年無休、世界性的「鄰居熱線」（neighbor hotline）；他們要開始親自一一核對七百萬份表單的正確性、品質及安全；他們會從嚴審核高風險的預訂，做好把關；並在未經許可的派對開始前加以阻止[33]。時時留意資訊的缺口，他鞏固了信任。

「我們真正的創新不是讓人預訂住處，而是設計一個允許數百萬人彼此信任的架構……我們想要盡一切所能，在這些事件發生時立刻記取教訓[34]。」切斯基這麼說。

當他們發現自己出了問題，Airbnb 的領導階層並未推卸責任或承諾修正軟體，而是進行深思熟慮的變革來鞏固信任。波音可以修理飛機、甚至可以開除執行長。但修補信任是遠比那些更艱鉅的挑戰。

「過去十年，業界很多人原本都採用不沾鍋模式，也就是將網際網路視為免疫系統，後來才了解這樣真的不夠，」Airbnb 的切斯基說。「我們必須為我們平台上的玩意兒承擔更多責任。」

我們每一個人，從試飛員、FAA的稽核員，到 Airbnb 的屋主、客人、軟體研發師，到你和我——都有權力與責任運用我們的音量和採取行動來避免進一步的傷害。請認清二元思考在灰色世界中的危險。每一次遭遇道德困境，都採用這個架構的四步驟吧。你的一舉一動**都很重要**。

德萊妮・范・李珀（Delaney Van Riper）[35]小時候活潑好動、精力旺盛，但她的父親發現她大都踮著腳走路。身為遺傳諮詢師，A・J・范・李珀（AJ Van Riper）知道這是一種遺傳疾病的第一個徵兆。他的憂慮在德萊妮七歲時獲得證實：她被診斷患有恰克・馬利・杜斯氏症（Charcot-Marie-Tooth, CMT）[36]，一種雖不致命，但無法治癒的疾病。那最終會致使他女兒韌帶緊繃，四肢及肌肉慢慢萎縮、逐漸虛弱。

孩童時，德萊妮穿著腿部矯具，讓她覺得自己在同儕間「獨一無二」。但到了青少年，她的生理差異就令她沮喪而痛苦了。然後，二〇一七年，也就是她高中四年級那年，她接獲一封來自布魯斯・康克林博士（Bruce Conklin）實驗室的電子郵件。康克林博士是葛拉斯東研究所（Gladstone Institutes，非營利生物醫學研究中心，附屬於加州大學舊金山分校，康克林在校中擔任教授）的首席研究員[37]，正在尋找自願者參與可能改變一生的科學研究。事實上，他和他的團隊正在研發的就是德萊妮這種CMT患者的療法：運用一種名為CRISPR-Cas9的全新基因編輯技術。

一九八七年時，一支研究大腸桿菌（E. coli bacteria）的日本科學家團隊報告他們發現「一種不尋常的結構」——前所未見的重複DNA序列。接下來二十五年，針對「常間回文重複序列叢集關聯蛋白」（Clustered Regularly Interspaced Short Palindromic Repeat），簡稱「CRISPR」的研究大爆發。科學家發現CRISPR與一種基因防禦系統類似：該系統會結合名為Cas9的蛋白質，發揮類似分子剪刀的作用，偵測外來DNA病毒，砍掉不受歡迎的入侵者。二〇一二年，一組以加州柏克萊教授珍妮佛・杜德納博士（Jennifer Doudna）和柏林馬克斯普朗克研究所（Max Planck Institute）主任艾曼紐・夏龐蒂埃（Emmanuelle Charpentier）為首的科學家團隊，發表一項開創性的研究，說明CRISPR-Cas9可以怎麼在實驗室中用來剪斷、修復及改變任何生物DNA的基因。

杜德納本身也是葛拉斯東研究所的資深研究員，她將創造「基因體手術」（genome surgery）一詞來描述CRISPR運作的功勞歸給同事康克林博士。一如醫生使用外科手術工具來切除腫瘤、修復器官，基因體外科醫生運用CRISPR工具來移除或修復一個細胞裡的特定基因。換個方式想：想像有一本多達六十四億字的大書，代表人類基因體。科學家可以用CRISPR挑出那本書裡的一個錯字，刪掉它，補上正確的字母。但科學家也可以用CRISPR來改變這本書。CRISPR可以做出「精確的變更來配合生命的編碼，」杜德納說。「意思是我們現在可以掌控人類的演化了。」

基本上我們可以掌控任何有生命的東西了。」

德萊妮接受邀請，參與CRISPR的研究，造訪康克林的實驗室。二〇二〇年初，我們通了電話。德萊妮告訴我，她的參與大致就是捐兩小瓶血給研究人員。（她也簽了同意書，允許他們用她的血研究其他疾病。）從她的樣本，研究人員析出血液細胞，慢慢將其轉變成誘導性多能幹細胞（induced pluripotent stem cell）——即原始細胞，可變異成任何種類的細胞。科學家將努力把德萊妮的細胞轉變成那種包含其基因突變的神經細胞。屆時，他們就可以用CRISPR工具剪掉有瑕疵的遺傳物質，寄望有朝一日能把改進後的神經細胞重新注入德萊妮的脊椎和肌肉，來減輕她的症狀。

德萊妮向我解釋，據她所知，去掉不想要的物質比加入新的遺傳物質容易得多。「基因有兩股，就是大家說的雙螺旋，」她說。「在我的例子，一股健康，另一股不健康。我不需要不健康的那一股做細胞生殖。」換句話說，她說這是她父親的說法：「如果你向兩間工廠買木材蓋房子，一間賣良好的木材，一間賣腐朽的木材，你不會再跟賣朽木的買，只會跟好的工廠買，而你依然可以建造房子。」

德萊妮參與康克林在葛拉斯東研究所的研究三年後，我和康克林博士通了電話。他告訴我他們選擇研究德萊妮那種CMT是因為「我們認為那是」科學家在人類身上鑑定出的「六千種疾病基因之中，最可能治療的其中一種。過去三年，CRISPR技術持續進步，提升了我們研發成功的希望。」他提醒，發展CMT療法需要相當漫長的歲月，目前仍有許多技術障礙需要克服。但因為德萊妮的疾病進展緩慢，他很樂觀自己還有時間徹底研究。康克林博士認為治療「大有希望」，並將它比作攀登吉力馬札羅山（Mount Kilimanjaro）——很難，但到得了。「實驗醫學沒什麼能百分之百確定……那就是我們稱之實驗的原因，」他說：「但我有信心我們能達成目標。」

在此同時，德萊妮表示，隨著自己繼續對科學有所貢獻並學習新知，她愈來愈有信心，也愈來愈安心。我問她有沒有想過別人可能怎麼看待基因療法，不論是潛在的病患、研究對象，或純粹發表意見，她的回答令我印象深刻。德萊妮說我們該捫心自問兩個最重要的問題，包括：一、你為什麼想要做？是什麼價值觀驅使你做？二、它可能對他人造成什麼影響？轉換成道德決策架構的用語，她要我們想想我們的原則，以及利害關係者和後果。

德萊妮最近在葛拉斯東研究所的部落格發表了一篇文章，寫到參與康克林博士研究的機會，賜給她「世上最美好也最危險的禮物之一：希望。希望我可以得到治療。希望我可以過正常人的生活。如果我沒有希望，也希望其他人有希望。」

CRISPR是「權力分散」的超強媒介，福禍難料。權力分散，驅動道德決策的第二種作用力，指行善的力量與為害的力量會隨機任意分布。

德萊妮的故事描述了CRISPR技術可能如何衝擊生命的其中一面：充滿

希望、合乎道德而值得努力不懈的那一面。CRISPR永遠分散了權力，科學家和創新者拿它來為千千萬萬罹患心臟病、癌症、阿茲海默症、肌肉萎縮症、囊腫性纖維化（cystic fibrosis）、失明和其他多種疾病的民眾尋求治療之道。更廣泛地說，CRISPR為人類配備了以往只能想像的力量。世界各地的實驗室正積極運用這種技術來製造具瘧疾抗體的蚊子、創造更能抵禦病蟲害的玉米及小麥，甚至從亞洲象的DNA打造長毛象。可能性無窮。

然而像CRISPR這樣的媒介也比以往更快速、更全球性，也更不可預測地散播前所未見、由人類定義的力量。那股力量正傳播給眾多行為者，而其中有些人可能會在缺少法律監督、專業守則（如希波克拉底誓詞〔Hippocratic oath〕）之下使用，可能不對機構領導階層負責，或未承諾遵守服務社會、保護社會的強制性原則。

權力分散是如何起作用，又會對道德決策造成何種衝擊呢？我們可以再透過兩個故事來認識：一個涉及CRISPR某種高風險且受到道德批判的用途，另一個則探究3D列印技術如何名副其實地被當成武器。接下來我們將鑽研我們在為權力分散的倫理道德分配責任時，所面臨的一些出乎意料的挑戰。

首先，世間的權力不再只掌握在執行長和國家元首手中了。權力是邊緣地帶的藏球魔術：我們不知道它在哪裡，誰擁有它，誰擁有多少，又會如何使用。權力現在屬於會用智慧型手機來召募追隨者的恐怖分子；權力正掌握在濫用社群媒體來混淆視聽、鼓吹民眾放棄投票的俄國宣傳者手中；權力與撰寫演算法助串流服務和媒體侵犯我們隱私、蒐集資料、分析我們有何習慣的軟體工程師同在。甚至許多立意良善、對技術發展及分配有所貢獻的人，未必明白自己可能如何分散了權力，而有引發嚴重道德惡果之虞。

CRISPR和其他邊緣地帶的技術為我們帶來不是非黑即白的道德困境。儘管基因編輯不是「做」或「不做」的決定，在兩種不同類型的基因編輯療法之間，卻有一個明確的二元門檻差異。體細胞療法（somatic therapy），例如德萊妮寄望的療法，會改變病患的非生殖性細胞，只影響病患個人，不影響其後代子孫。CRISPR先驅杜德納贊同使用CRISPR為成人和孩童做體細胞治療，因為那造成的基因變化不會延伸到個人之外。

相反地，第二類基因編輯：生殖系療法（germline therapy）就是鎖定胚胎、精子、卵子裡的DNA，做出不僅影響患者疾患，也會傳給未來世代的改變。生殖系編輯有嚴峻而未知的風險。正因如此，科學界許多人士同意不允許運用CRISPR來編輯人類的生殖系基因。在撰寫本書時，全球約有三十個國家，包括美國和許多歐洲國家在內，已針對人類生殖系編輯施加限制，甚至完全禁止。

我請教康克林博士[38]，對於CRISPR，大眾最該擔心哪兩個風險，他說我們該謹防不顧道德又未受管制的基因編輯診所賣給我們未經驗證、治療致死疾病的承諾。

這些診所是置病人的身心健康於險境。他們也有扭曲研究成果之虞：說不定治療本身無效，反倒是治癒的承諾產生安慰劑效應而帶來正面的結果。

他也擔心CRISPR可能會被用來以俗稱胚胎植入前遺傳篩選（preimplantation genetic diagnosis，PGD）的方法製作所謂的「訂製嬰兒」（designer baby）。根據《輔助生殖與遺傳學期刊》（Journal of Assisted Reproduction and Genetics）中的一項研究，美國有超過七五％的生殖診所提供PGD。如美國生殖醫學會（Society for Reproductive Medicine）所描述，這種技術會結合體外人工受孕（in vitro fertilization，IVF），在一對夫婦人工受精的胚胎幾天大時進行基因檢測[39]。然後爸媽可以選擇只植入基因突變測試陰性的胚胎，或是帶有疾病因子但不會發展的胚胎。

對帶有嚴重基因突變的爸媽而言，PGD可幫助他們避免把裘馨氏肌肉失養症（Duchenne muscular dystrophy）、戴薩克斯症（Tay-Sachs）、鐮狀細胞貧血症（sickle cell anemia）等病症傳給孩子[40]。但誠如康克林博士指出，CRISPR結合PGD會把我們送往一條滑坡，自認可以操控後代的基因特質，例如身高、眼珠子的顏色、運動能力和智能等等。康克林這番急切的警告訴說的正是權力分散的衝擊：不妨想像一下，假如每個爸媽都能訂作自己的孩子，不受社會管制，這世界會變成什麼樣子。

這就是權力分散的主要特徵：權力將無法駕馭，因為那唾手可得，且大多無法察覺。管理無法阻止權力分散，因為法律落後技術太遠；因為我們很難查出是誰在行使權力，就算後果非常明顯；也因為預算、設備有限的非專業人士和個人，現在也不難取得技術了。最重要的是，如下一個故事所證明，權力分散與一般人對道德有多重要的看法脫鉤了。

■

二〇一七年六月，三十三歲的生物物理學家賀建奎在中國深圳南方科技大學一間會議室裡坐了下來，對面是兩對希望為人父母的中國夫妻。他們面臨相當特殊的挑戰：兩位男士都是愛滋病毒帶原者。

根據《科學》（*Science*）期刊一系列的調查，以及期刊記者強・柯恩（Jon Cohen）觀看的會議影片，之所以徵募這兩對夫妻是因為兩位男士能夠用抗病毒藥物控制感染。他們並不擔心把愛滋病毒傳給孩子的問題，因為體外人工受孕過程中的精液清洗，已進步到能在授精前可靠地移除病毒。這兩對夫妻是想確保他們的孩子絕對不會感染愛滋病毒，永遠不必忍受他們蒙受過的痛苦與歧視。賀博士是造詣深厚、在美國受教育的科學家，提供他們參與或許真能消弭那種風險的科學實驗。

根據賀建奎在中國臨床試驗註冊中心的登記事項，他在積極尋找已婚、年齡介於二十二歲與三十八歲之間的異性戀中國夫妻，其中只有男性為愛滋病毒陽性，目的是「生出免疫於愛滋病毒的健康寶寶，提出新的洞見，以便未來能在人類胚胎早期階段根除遺傳性疾病」。

賀博士提供兩對夫妻同意書（《科學》也取得了），上面寫：「本計畫的主要目標是產出具有 HIV-1 病毒免疫力的嬰兒。」但此同意過程欠缺的是計畫完整範圍與潛在後果。例如，同意書提到在「預定目標外的位置」有可能出現「脫靶」效應——不想要、非計畫中的 DNA 突變[41]。同意書也包含研究團隊對這種風險的免責聲明。（同意書甚至提供研究團隊保留及宣傳嬰兒出生當日照片的權利。）出於善意的普通父母豈能理解這些風險的類型及可能性？

在深圳開會的兩對夫妻都同意了，而最終，到二〇一七年九月，賀建奎共徵募到八對抱著希望的夫妻。這些夫妻參與了似乎是世界第一場結合 IVF 和 CRISPR-Cas9 創造愛滋抗體寶寶的實驗。次年，他將使用 CRISPR 在自願夫妻的受精胚胎中複製名為 CCR5-delta 32 的基因突變。CCR5-delta 32 是種缺陷，已知可為天生的愛滋病毒帶原者提供抵抗力。賀博士想在這些夫妻的後代身上製造同樣的突變。當人工受孕的胚胎長到幾天大時，會用 PGD 檢查一些細胞，確定基因改造已經成功，再將胚胎植入母親體內[42]。

我們無法得知賀博士確切的想法，但信譽良好的媒體資訊來源所檢視過的電郵和文件顯示，賀博士正雄心勃勃地向全世界示範怎麼使用 CRISPR 來創造抗愛滋病毒的人類，然後再對與心血管疾病、囊腫性纖維化和其他病症有關的基因如法炮製。

《科學》雜誌檢視了賀建奎的醫學倫理申請書，他自稱那已獲得中國一家醫院批准。賀博士在申請書上寫道：「這將是自人工受孕技術於二〇一〇年獲頒諾貝爾獎以來一項偉大的科學暨醫學成就，也將為多種遺傳疾病患者捎來希望[43]。」那家醫院隨後表示申請書上的同意簽名是偽造的。

由於不知道當初賀博士告知醫院的確切內容，也不知道雙方怎麼處理資訊，我不敢妄加揣測其監督協定。但事實是，不管那家中國醫院有沒有參與，賀建奎都該清楚，他提出的行動已逾越廣為世人接受的道德界線。聲譽卓著的科學家早就勸他不要做這些實驗，或提醒他要小心進行[44]。另外，人類生殖系編輯在歐洲多數地區皆不合法，在美國也被禁止。中國醫學科學院的研究人員在刊於《刺胳針》（*The Lancet*）的文章中也指出，如二〇〇三年〈人類胚胎幹細胞研究倫理指導原則〉（Guiding Principles of Ethics for Human Embryonic Stem Cell Research）所述，中國政府明令禁止「為生殖目的進行人類配子、受精卵和胚胎之基因操縱。」因此，中國各界看似具備充足的知識，在專業及法律上亦有共識：賀建奎不該拿人類胚胎進行這種不負責任的實驗。

賀博士示範了怎麼當個鬼鬼祟祟的流氓。比如他的工作雖然在大型大學實驗室和兩家不同的醫院進行，卻依然能秘密行事。如《大西洋》和《華爾街日報》報導，負責植入胚胎的人工受孕醫師不知道胚胎已經做過生殖系編輯；幫母親接生的醫院也不知道賀博士的計畫；賀博士甚至偽造父親們的血液檢驗，以確保醫院不會發現他們的

HIV狀態。但不用多久，大家都知道賀博士在幹什麼了。

二〇一八年四月，參與研究的八對夫妻中，有一對懷了雙胞胎。檢驗顯示其中一個胎兒擁有CCR5基因的兩種複製，意味程序在它身上起了作用，另一個胎兒則只有一種突變過的基因，而無法確知它能否抵抗愛滋病毒。

賀博士在一封給某位恩師的電子郵件中寫到，他對此「成就」備感興奮，八月，他在紐約市和一位生殖醫師討論在中國為希望當爸媽的夫妻合開CRISPR基因編輯診所的可能性。他也聘請一位美國公關專家協助他擬訂計畫，先在一部聲譽卓著的醫學期刊發表研究，再宣布雙胞胎出生的消息。但計畫進展未如他所願[45]。

二〇一八年十月，那對雙胞胎女娃，全世界第一對經過基因編輯的嬰兒，經剖腹手術誕生。賀博士一直保密到十一月二十五日消息被《麻省理工科技評論》（*MIT Technology Review*）披露為止[46]；隔天，美聯社（Associated Press）也刊出報導。兩篇報導都引用了同領域科學家對賀建奎的做法極具批判性的觀點。賀建奎則發表一系列YouTube影片宣布「露露」和「娜娜」出生，「馬克」和「葛瑞絲」喜獲千金做為回應，欲奪回話語權。（以上是賀博士給當事人取的假名以保護隱私。）他說她們「和其他嬰兒一樣健康」。「身為兩個女孩的父親，」賀建奎說：「我想不到比給予其他夫妻建立慈愛家庭的機會更美好、更有益於社會的禮物了。」

二〇一八年十一月二十八日，賀博士出席在香港舉行的第二屆人類基因體編輯國際高峰會（Second International Summit on Human Genome Editing）。這場會議是由數個大型全球性機構贊助（包括美國國家科學院〔U.S. National Academy of Sciences〕、英國皇家學會〔Royal Society of the United Kingdom〕及香港科學院〔Academy of Sciences of Hong Kong〕），與會貴賓包括杜德納博士和其他先驅。賀建奎就是在會中告訴滿場觀眾他以他的成果「為傲」，且還有一位女性已植入基因編輯過的胚胎——第三個CRISPR嬰兒。

科學界氣炸了。高峰會籌辦人斥責他的成果是「被誤導、不成熟、不必要且毫無用處」的實驗。管理美國醫學研究的國家衛生院（The National Institutes of Health）稱此研究就醫療必要性而言「毫無說服力」，且在知情同意方面「極令人懷疑」。杜德納說她「驚恐萬分」。說那「匪夷所思」，明明已經有「安全、有效」避免爸媽把愛滋病毒傳給孩子的方式，賀建奎為什麼還要用CRISPR「這種從未在人類身上測試過的實驗性技術」。

在我們測試尚無前例的權力運用是否具有道德正當性時，必須暫停一下，思考杜德納這番話的深意。我們必須反覆問自己，有沒有風險較低且／或更有助益的替代方案。接下來，我們該負起責任，選出最適當的方案，偶爾甚至得猛然踩下煞車，到科學和健全的道德討論獲得更深刻的見解為止。

誠如一位研究人員指出：賀博士並非「矯正一種致病的基因變異來拯救生命……【他】是破壞正常的基因……基因所在的胚胎原本健康無虞。」CRISPR可能在基因體其他地方引發不可預期的「脫靶」編輯，有可能招致癌症或其他意外的問題。

一些科學家研究了賀建奎在基因體高峰會所提的備註，而後告訴《科學》兩個寶寶似乎都表現出鑲嵌現象（mosaicism，指從單一受精卵發育成的個體內有不同的染色體結構或數量組合），意思是CRISPR的程序很可能把一些胚胎細胞編輯得跟其他細胞不同，甚至完全沒有編輯。總而言之，我們無法確知她們是否真能抗愛滋病毒。

香港高峰會後不久，賀博士便從大眾視線中消失，不再回應媒體。中國有關當局中止他的研究，南方科技大學開除他的教職。

二〇一九年十二月，中國國營新聞媒體新華社報導，賀建奎及兩名醫學研究人員已進行不公開的法庭審理，且已認罪、承認違反二〇〇三年基因編輯技術的指導原則。賀博士被判處三年有期徒刑、罰款三百萬人民幣、終身不得從事生殖技術。據說法院譴責賀建奎追逐「名利」。法院也宣布第二位母親已產出第三個基因編輯過的嬰兒，但未提及生產時間，也未提供關於那個孩子的其他資訊。

賀建奎對這些孩子的作為表明他完全漠視全球各地科學及專業倫理社群的討論。他的作為正是我們需要和非專業人士一起進行全面性、全球性辯論的那種議題。賀建奎扮演了操縱嬰兒生命的神，改變了他們的DNA，且那些改變將代代相傳。而我們無法判定那會有什麼後果，也無從判定到底有哪些利害關係者：不只是露露和娜娜的子孫、家人和社群，還有你、我、人類的每一分子。

這是權力分散的極端例子，具備所有難以偵測、無法管制、費用不高、平易近人的特徵。賀建奎不需要數百萬美元的技術、藥廠支持或政府出資就可以改變人類的基因體。技術成本愈來愈低廉，加上技術知識與原料愈來愈容易取得，只會使這種不受控的威脅變本加厲。

比如今天，一般民眾上網就買得到多種保證基因編輯能力的工具包。這些工具包到底在做什麼、到底有多危險，是否可能導致諸如創造生物武器等重大風險，都超出我的專業知識。有些專家認為目前的風險很低[47]。

我會主張，重點不在於今天的風險微乎其微。我們必須考慮的是，讓這些種類的技術唾手可得，會有什麼潛在的短期、中期、長期後果。這些工具包難以管理是因為我們不知道誰會使用、如何使用。不論這些工具包是否那麼容易被挪用來招致嚴重傷害，可能性依舊存在，這些工具一旦激增、擴散、被賦予權力，就會有未知的後果。這種風險需要和其他風險同時管理，不能拖到傷害已然造成的那一刻。

賀建奎有能力改變人類，一次一個寶寶。

他的作為宛如豎起紅旗，清楚呈現脫離道德的權力可能以危險的方式，名副其實地改造我們所知的人類。但誠如康克林博士的研究顯示，這些分散權力的技術也有拯救人命的益處，若一概忽視，後果同樣堪慮。

權力分散也有其他不需要那麼多科學知識與材料的形式，而那些形式同樣有傷害無數民眾的潛力。

二〇一二年七月，二十四歲的德州大學法學生寇迪・威爾森（Cody Wilson）在 YouTube 發布一段募款影片，請網友捐錢給他圓夢。為拍攝這段觀看次數已破百萬的影片，威爾森一個人坐在一個了無生意、擺滿電腦和技術手冊的白色房間，直直看著攝影機。

「我和一群朋友決定用一個統稱結為一夥，」威爾森開始推銷：「我們不是一間公司、不是法人，甚至不是哪一種商會組織。我們僅自稱分散式防禦（Defense Distributed），而想要跟你們分享一個理念。」他們的理念將在缺乏制度制衡或監督下分散權力。

他們想要發展世界第一把 3D 列印槍，而只要一點點幫助，大約兩萬美元就可以完成。「我們的重點不在產品，」威爾森說：「我們感興趣的是製作一份數位檔案……在網際網路上分享。」

接下來八分鐘，令人心跳加速的爵士樂低聲循環播放，威爾森獨自陳述他的願景：給予任何地方任何人製造一把槍的權力，一把「只需要致命一次的槍；我說了那是理念，對吧？」他以平靜、冷淡、權威的語氣敘述，彷彿在對一群看不見的會眾傳道：「這個理念的時機已至……我們希望有人偷走這個理念。我們希望檔案本身會被竄改、被改變、被改進。」

「現在我們已跨過那個門檻，」威爾森繼續說：「我們即將擁有武器系統可從你的書桌列印出來的現實。有電腦的地方，就有武器。」會眾在聽。短短兩個月，「分散式防禦」便達成其募款目標。同一年，《連線》（*Wired*）雜誌將威爾森列名「世界十五位最危險人士」，與錫納羅亞販毒集團（Sinaloa）首腦華金．「矮子」．古茲曼（Joaquin "El Chapo" Guzman）及敘利亞總統巴夏爾．阿塞德（Bashar al-Assad）齊名。二〇一三年五月，威爾森成為製造及成功擊發全3D列印槍枝的第一人，他給那把槍取名為「解放者」（Liberator）。他在網路上發布自己的影片，也在他的檔案共享網站貼出設計圖。設計圖在兩天內被下載超過十萬次，讓威爾森得以從法學院輟學，全心全力經營分散式防禦。

威爾森無意創建科技公司或靠賣槍發大財。他的首要使命是分散權力，讓權力難以被偵測、管制、脫離法治。就連他給組織取的名字（分散式防禦）和對自己及公司的描述（秘密無政府主義者、自由之友）都加深了權力分散的印象。更別說那把槍的名字：解放者了。

威爾森說他給你製造一把槍的「鑰匙」，但他否認自己是槍販——槍販就得負起重大的管制責任。因此，如果你造了把槍而濫用它，威爾森拒絕負責。在我看來，威爾森自己也坦承他分配了知識（一種權力形式），對某些槍枝來說，也分配了機械（更多權力），而沒有把這些行動與守道德、負責任及安全的使用連在一起。3D列印技術擾亂了背景查核等標準驗證過程，因為沒有明確的購買位置（point of purchase）了。威爾森原本可以提倡為他的槍枝嵌入安全配備，主張遵守一般槍枝管制規定。他甚至可以同時透過檢測裝置揭露非法使用3D列印槍枝的情況來擴充警方及其他公眾保護者之能。但他顯然沒有追求這些選項。威爾森的故事跟賀建奎一樣，具備所有權力分散的特徵。

一九八六年首度獲得專利的3D列印技術[48]最早是用來快速、便宜地為汽車製造、航太及醫療器材業製造零件。這種技術可以用同樣的機器生產不同種類的物品，包括未來有可能做出人類器官。這個過程有時被稱作「增材製造」，因為它基本上是使用塑膠、木材、金屬等材料取代墨水來層層打造某個物品，或說進行三度空間的「列印」。許多3D列印的產品都是用熱塑性聚合物ABC樹脂（acrylonitrile butadiene styrene）製造。如果你身邊有小孩，你可能已經在人生某一刻接觸過這種堅硬、光滑的聚合物了：ＡＢＳ就是樂高積木的原料。

一如所有前衛、非二元的創新，３Ｄ列印也以正向、有建設性的方式分散權力。例如無國界醫生（Medecins Sans Frontieres）就運用這種技術為敘利亞戰爭受害者提供可在二十四小時內量身定做完成、造價僅傳統型五分之一的義肢。其他大有可為的創新包括為難民提供更安全、更負擔得起的住宅；可沉入海底、刺激珊瑚礁再生的礁石；可協助修復受損器官的人類組織３Ｄ生物列印等等。

３Ｄ列印技術為槍枝和槍枝製造者貢獻了不會被察覺的權力。要製造一把槍，只需要一部３Ｄ列印機、電腦輔助設計（ＣＡＤ）軟體、可下載的設計圖和一些相對基本的電腦技能即可[49]。塑膠槍沒有序號，儼然成為難以追蹤的「幽靈槍枝」。《不可探測槍枝法案》（Undetectable Firearms Act）規定所有槍械至少要含有三・七盎司的金屬，使之無法逃過金屬偵測器和Ｘ光機[50]。為遵守規定，威爾森的解放者有一個小格子放置一片金屬，但那可以拆掉，且拆掉仍可擊發子彈。法令形同虛設，以色列一批調查記者就在二〇一三年證明了：他們夾帶一把複製的解放者通過金屬安全探測器，進入以色列國會兩次，就算那把槍的撞針是金屬釘。在美國，運輸安全管理局（Transportation Security Administration，TSA）在二〇一六年到二〇一八年間，僅四次在全國各地機場的安檢站揪出３Ｄ列印槍。

這種槍枝造價不貴而且不怎麼可靠，至少早期年代是如此。二〇一三年，澳洲警方用一部售價一千七百美元的列印機複製解放者，而那些槍每次擊發一顆子彈就會碎裂。這種情況讓一些人主張，3D列印槍枝在未來數年不會是太大的威脅[51]。

但舊風險依然存在的事實，不代表我們今天沒有責任預防新風險的擴散。就像基因編輯工具包，我們有責任現在就開始管理潛在的未來後果：**道德是初步階段的努力，而非傷害已然造成後的橡皮擦或大掃除**。事實上，槍枝也好、核子武器也好、政治宣傳也好，在我們需要繼續管理傳統權力來源的同時，新的權力已經在分散了。明日的風險要靠今日的決策來避免。在美國，我們每天都無法有效且從根本保護人民防範槍械暴力。我們不能或不願處理現有威脅著實不幸，但這樣的不能或不願，不該變成我們拖著不去關注3D武器的藉口。那該是一種警訊，提醒我們要同時在兩方面加倍努力。拖著不去關注3D武器一點好處也沒有。

如威爾森提醒我們的，解放者「只需要致命一次」。一顆子彈可以用於自衛，也可以用來搞破壞。只要想想他的設計圖已經被下載多少次，風險就已高得嚇人，遑論分享。我們可能要面對數十萬把「只能發射一顆」子彈的槍，更別說3D列印其他攻擊性武器的技術了。我們該做些什麼來阻止流氓惡棍用塑膠槍在法院大樓、機場、火車站、音樂會和校園散播恐懼呢？我們今天的決定必須將阻止他們的挑戰納入考量。套用道德架構的術語，我們知道這裡有重大的潛在道德風險（資訊），而隨著技術持續發展，身為管理者和公民的我們，也要為我們決策的潛在衝擊（現在及未來的利害關係者與後果）負起道德責任。

威爾森把焦點擺在保障個別製槍者的權利，而這個焦點包含對言論自由的執迷。目前沒有任何聯邦法令禁止人們在家製槍，只要你不販售，就可以製造。但二〇一三年，當威爾森把製造解放者和其他槍枝零件的教學貼在網路上，國務院便命令他撤下，說他已違反一九七六年的《武器出口管制法案》（Arms Export Control Act），特別是《國際武器貿易條例》（International Traffic in Arms Regulations）[52]。從防衛目的的微晶片、夜視鏡到 F-15 噴射戰鬥機，這些法律理所應當地防止未經許可將尖端武器、技術資料與訓練，銷售給可能用它們來發展大規模毀滅性武器、顛覆國家，甚至反過來傷害美國及其盟友的外國行為人。

威爾森在二〇一五年控告政府強迫他撤下設計圖，主張他的網路編碼是言論自由，政府侵犯了美國憲法第一修正案保障他的權利。這個案子上到聯邦第五巡迴上訴法院（Fifth Circuit Court of Appeals），而該法院拒絕給予他請求的禁制令。法院在判決書中寫道，儘管威爾森的憲法權利也許暫時受損，禁制令卻可能永遠損害美國國家安全[53]。

但後來，三年後，二〇一八年六月，國務院立場不變[54]。政府和威爾森私下和解，同意支付他四萬美元律師費[55]，並允許他張貼設計圖，包括 AR-15 半自動步槍，也就是二〇一二年桑迪胡克小學（Sandy Hook Elementary School）校園屠殺及其他大規模槍擊事件所使用那類武器的教學。十九州和華盛頓特區要求阻止這項協議。二〇一九年十一月，西雅圖一位聯邦法官同意，裁定該協議違反聯邦法律。

權力一旦分散就會繼續分散。在法律試著迎頭趕上之際，列印危險武器的設計圖仍以各種難以察覺、難以遏止的方式，在威爾森的網站以外分享。二〇一九年，《連線》雜誌報導一個由3D列印槍枝愛好者組成、去中心化（decentralized）的全球網絡，他們自稱「分散式威懾」（Deterrence Dispensed，向威爾森致敬），至少有一百名成員，正積極四處散播DIY塑膠武器的力量。這群人使用數位分享平台交換構想、回饋和CAD檔案；他們上傳設計圖到媒體寄存空間；而連同他們原創的槍枝設計和修訂過的舊圖，他們免費提供「分散式防禦」的設計圖，任何人都可取得。

二〇二〇年，寇迪・威爾森帶著一個新網站和新商業模式重出江湖。這一次，他自稱有乖乖遵守聯邦法令，只向定居美國的民眾販售進入他的網站和下載數千張槍械設計圖的權利，迴避了法院判決中的出口因素。技術、管制、社會包容與流氓惡棍的交集仍持續演化。

知名思想家及記者摩伊希斯・奈姆（Moises Naim）在著作《微權力》（*The End of Power*）中提醒我們，權力是沒辦法測量的：「你沒辦法一一清點而後排名。你只能給看似權力媒介、來源與表現的事物評等。」在這個例子，權力的媒介就是「分散式威懾」的個別行為人，他們在自家客廳模擬貝瑞塔M9手槍和AR-15型半自動步槍來製造塑膠武器。權力的來源是可使用而易濫用的技術，與法律消權（disempowerment）的致命結合。權力的表現是可能會有無辜民眾喪命。

隨著技術愈來愈難偵測，濫用技術的後果也更難預測。我們也許要到看見傷害才會意識到權力。就算我們握有資訊，例如我們知道暗黑網站上有人正在做槍，也沒有足夠的視野可以監測未來的後果。

這些故事證明權力分散會消蝕法律的權力。國家法律體系裝備不良，難以確實執法和保護跨越國界的公民。在技術無國界的前衛世界，管轄權尚待釐清。即使法律能夠追上當前技術的速度，也幾乎不可能執行。如此一來，法律便不再是可靠的威懾力量。賀建奎和寇迪．威爾森的故事雙雙證明，我們制定有效且可執行的新法令來管理創新技術的能力一再被超越，權力分散的媒介已經可以輕鬆規避現有的法律了。

權力分散甚至也在個人權利的邊界上逐步推進，不論是決定我們孩子生理特徵的權利，或言論自由。這帶我們回到邊緣的定義：權力分散把法律推得愈來愈遠，推到我們倫理道德運作的現實之後。它要道德負起更大、更廣的責任來指引我們做選擇。權力分散尤其瓦解了傳統上對於公司、個人及政府領域決策權威的觀念，包括有哪些類型、範圍有多大。

權力分散不僅會擴充個人的權力，也允許公司利用權力擴散來自肥。這股趨勢是種違反直覺的組合：公司既分散權力（給不具權力的行為人），又積聚權力（透過獲利與支配技術，也透過侵犯政府的行動）。

分散權力需要公司參與，例如銷售或用其他方式提供社群媒體、3D列印機、基因編輯的材料，或共享經濟的平台。我在公司方面率先探究的道德問題之一是：在銷售產品和服務之際，公司是否意識到自己要為分散權力負起責任。雖然許多公司要求同意服務條款以提醒使用者注意自身的責任和使用限制，但一般而言那些文件的目的是推卸公司的法律責任。對於公司分配權力的潛在後果，它們不會進行周詳的預測和悉心的推敲。但就算盡了最大的努力，在向社會發布之前，對於使用者可以運用其技術或服務做些什麼的考量，仍往往不得要領，因為要預測權力在邊緣地帶分散的軌跡，實在太複雜了。

我是堅定支持創新的倫理學者。技術使用者確實自己應負部分責任，但當獲利和影響力隨權力分散而至，公司便有巨大的責任，必須在個人可能使用那些工具造成危害之前按下暫停鍵。因為法律和服務條款都無法有效掌控濫用，公司應該考慮可以怎麼為自己的技術設置道德的關卡。每一名客戶我都會問一個問題：你們可以怎麼處理這種技術來讓道德跟得上產品推展的速度？

公司在分散權力的同時，也壟斷權力。公司權力擴充的一種新方式，是將原本劃歸政府責任的領域私有化。我首度拜訪美國國家航空太空博物館（Smithsonian National Air and Space Museum）時簡直瞠目結舌。當時，美國太空歸國家航空暨太空總署（National Aeronautics and Space Administration，即NASA）管轄，那是獨立的政府機構，亦負責民間太空計畫。但今天，當我的學生想到太空，他們想到的是執行長和企業家，如特斯拉（Tesla）創辦人伊隆・馬斯克（Elon Musk）的SpaceX、亞馬遜（Amazon）創辦人傑夫・貝佐斯（Jeff Bezos）的藍色起源（Blue Origin）和理查・布蘭森（Richard Branson）的維珍銀河（Virgin Galactic）。這些企業巨頭不但主宰太空新聞，現在也主宰了我們的想像力。

但一旦原屬民選政府管轄的領域，控制權落入私人之手，便可能產生前所未見的兩難困境。道德責任的邊界需要重劃。例如，太空旅行是我們國防與聯盟關係不可或缺的一環。我們需要確定政府保有對安全的掌控，以及對大眾、準投資人及未來旅客的透明度（transparency）。我們也該確保政府和公司都能為公民提供公平的旅行機會。分享利益的責任問題也逐漸來到前沿。例如，公司要怎麼為社會公益分配其獨特的研究與知識呢？

由於這些公司擁有卓越的能力與資源，政府應善加運用，否則就會錯失國防、氣候變遷研究、社會人工智慧等方面的大好機會。對於這些挑戰，我們沒有時間或資源可以浪費，而它們也需要許多利害關係者一起貢獻。在許多這樣的例子，政府要與公司攜手合作。例如二〇二〇年NASA就和SpaceX合夥，送NASA太空人進入飛龍號國際太空站（International Space Station on Crew Dragon）——第一座商業打造的太空船。每個案例情況不同，但公私合作夥伴關係（public-private partnership，PPP）一般能擴充機會、提升能見度[56]。

讓我們暫停一會兒，強調一個十分重要的論點：**我們不能容忍道德的壟斷**。對社會及人類來說，網路搜尋或社群媒體等服務被壟斷的風險，以及公司逐漸涉入原先公共機構管理領域的風險，比起道德壟斷的風險是小巫見大巫。

不幸的是，技術正在分散一種危險的信念：法律和道德只是選項。原為公共服務的領域，像太空、國防和貨幣管理等領域，不該受控於少數大公司。我們必須提防滑坡效應。以控管良好的契約明定公司與政府合作提供研究、產品與服務等事宜，對社會進步有益，亦有其必要。允許一家公司擋在公民與取得公共財（不論是空間或數位貨幣）的權利之間，或給予企業掌控國家國防、衛生和環境等政策的能力，就完全是另一碼事了。最重要的是，雖然企業可能壟斷某些領域的權力，但我們萬萬不能容許企業，或可能得到企業散播之權力的流氓惡棍，來決定社會的倫理道德。

將權力分散的衝擊整合融入個人選擇的責任，主要落在我們身上。醫療選擇是個重要的例子。我們應將原則列為第一要務。

邊緣地帶的原則所面臨最重要的挑戰是它們很可能相互牴觸。若是根除種族主義之類的二元決策，通常會促使所有原則趨於一致，例如安全、誠信、同情、尊重，全都與種族主義對立。但非二元的挑戰，也就是一個決定所有層面利弊互見時，可能就需要權衡各項原則，排出優先順序，甚至犧牲某些原則了。例如，針對未經驗證的醫療行為，你可能會考量安全議題，而非一味出於同情地支持某種可能的療法或增進健康的方式。

儘管我們無法事先得知，在面對有威脅性命之虞的醫療情況時，我們會有何種感受，理解各種原則可能如何牴觸，仍有助於錨定我們的思考。我是巴黎美國醫院（American Hospital of Paris）及巴黎巴斯德研究院研究中心（Pasteur Institute research center）倫理委員會的成員，見過父母、醫師、護理師、研究人員，和其他利害關係者，為林林總總遺傳問題的道德兩難揪心掙扎。諸如CRISPR之類的技術只會讓這類涉及原則衝突的醫學道德困境更加普遍。釐清自己的一切原則可以幫助你在面臨出乎意料的艱難決定時站穩腳步，也有助於把眼前的決定與你已經由審慎道德思考做過的許多其他決定連結起來、並保持一致。理想上要在面對攸關生死的選擇，或需要表達意見之前弄清楚。

這些機構中的病患努力解決的問題包括要不要操縱未出生孩子的胚胎，來消除致命的家族特徵如亨丁頓舞蹈症（Huntington's Disease），或補救聽力損傷等。回到康克林博士的憂慮，我們是否該允許有野心的爸媽竄改會影響智商、音樂與運動能力的基因呢？當你在思考這些非二元的決定時，請問問自己：我什麼時候、在何種情況下會採用這種技術？什麼時候、在何種情況下會認為社會可接受這樣的運用？你自己的境況，只有你自己可以決定最好的答案，也只有你自己可以決定對社會的觀感。但你怎麼應用你的原則，特別是你怎麼排定優先順序，以及怎麼解決那些衝突，不僅會定義你自己的身分、決定你的後果，也會對他人產生嚴重的後果。

道德決策架構的第二個重點是確定你在評估資訊、利害關係者和後果時，考量了權力分散難以偵測、易於使用而大抵無法管制的特性。除了蒐集必要資訊來做出穩健的道德決策，你是否也將預測所有實際與潛在利害關係者的難題納入考量了？想像你自己處在必須決定孩子健康的局面，或是參與表決一項是否要對後代基因編輯施加限制的法案。你沒辦法知道的事，將和你確實知道的事一樣重要。

但我們要怎麼分配責任給這些利害關係者，並讓他們重新連上道德呢？拿寇迪．威爾森的例子來說，利害關係者包括：自己動手做的製槍者、他們使用 3D 技術影響到的人、暗黑網站、社群媒體、散播權力的資訊分享網站、法律、立法委員和管理者，以及大眾。有時我們可以要利害關係者負起責任（管理者和立法者），有時無能為力

（偷偷摸摸在自家客廳列印攻擊性步槍的壞蛋）。有時炫耀權力的欲望反倒使行為變得容易偵測，責任更容易釐清（賀建奎追求科學界的盛讚，以及威爾森的言論自由倡議）。不單是意圖不軌的行為人要負責；心懷善意的專家、決策者和面臨個人兩難的個體，也可能在未充分連結道德的情況下促成權力分散，因為我們可能沒有足夠的能力看出我們的決定會對多少人事物造成衝擊。

一旦我們無法判定利害關係者，要預測後果就算不是不可能，也分外困難。會有人被槍殺，會有基因被編輯，但要預測範圍、規模及潛在後果就比較難了。我們知道3D列印會變得愈來愈便宜、愈來愈容易取得，會繼續傳播武器的製造法，使武器的衝擊更隨機無章；我們知道一旦胚胎的基因體被操縱，人類生殖系就會受影響，但我們不知道那對下一代及往後世代會產生何種後續效應，或對公司、法律、政府和全體人類有何影響。

分配權力分散的責任也需要考慮不平等的散播。多少有點反直覺的是，立法委員正訴諸道德，因為他們也認清管理追不上權力分散的事實。我認為要做好管理，立法委員鼓吹道德是有希望也有必要的墊腳石，只要我們繼續施壓，要他們研擬有效的規範並提升執行能力。

二〇一九年四月，我和代表加州第十七國會選區，也就是矽谷核心地區的眾議員羅·卡納（Ro Khanna）碰面。卡納致力於將矽谷的技術權力民主化，這就是我想了解其優先順序與策略的原因。他告訴我，他相信「任何人都有潛力成為伊隆·馬斯克（Elon Musk）」——創新、致富。他主張就道德而言，我們不可能建立一個排除長者或蒙受經濟不平等民眾的社會。

卡納正試著分散權力來促進平等。他想要傳播數位素養與技術之利。為此，他擬訂了多面向的策略，包括一項網路版的權利法案，賦予消費者更多對個人資料的掌控權，也包括一項運動，為那些被技術繁榮拋下的地區，例如肯塔基和西維吉尼亞，創造工作與機會。他也主張矽谷該欣然接納更多議題，而非只有「資金回流、加密、專利蟑螂」。卡納說矽谷目前的焦點未免狹隘，「就一個名副其實自認想改變人類文明的地方來說，這樣的視野過於貧乏。」

他的工作例示了政府正如何踏入道德範疇，進行法律以外的努力。我以英國數據倫理與創新中心（Centre for Data Ethics and Innovation，CDEI）董事的身分見過這樣的積極運作，該中心的使命便是建議英國政府如何盡可能擴大數據與人工智慧對社會的利益[57]。歐盟人工智慧高階專家小組（High-level Expert Group on Artificial Intelligence）也對歐洲的人工智慧策略提出忠告[58]。這些及其他類似的作為拉攏更廣大的利害關係者一起行動，可能是擴展道德辯論與通知管理規範的高效方式，但和管理人員面臨同樣有關權力分散的挑戰，並無法代替有效的管理。

法人、政府和我們每一個人的觀念會產生交互作用，正是這樣的作用造就了我們必須做決定的前衛環境。我們可能需要更密切注意我們握有權力之處，以及配合他人權力之處的道德意涵。

■

面對權力分散帶來的隨機難測與難以問責，我們很難不覺得頭昏腦脹。賀建奎不遵守國際公認的科學與道德指導方針、用CRISPR技術竄改胚胎基因組；寇迪·威爾森的徒弟找到變通辦法繼續在網路上分享他的槍械設計圖。就算政府和法律竭盡全力、部署了重要的資源，我們仍無法倚靠它們保護我們防範權力分散的後果。

在賀博士於基因體高峰會發表聲明後，《自然生物醫學》（*Nature Biomedical Engineering*）刊出一篇社論，提出：任何對於基因編輯未來的決斷，都該掌握於社會，而不只是科學家之手。許多生物倫理學家和基因編輯專家異口同聲指出，我們需要針對技術的倫理道德廣納倫理學家與社會科學家進行更全面的對話。但我們也需要廣大的非專業人士來討論像是CRISPR和3D列印槍械等分散權力的技術。需要你一起參與。

身為CRISPR的先驅，杜德納曾對NBC新聞述及，她覺得當時社會上完全沒有人在談論這種如我們所知會對生命引發地殼變動的技術，是很奇怪的事。「我去了我兒子學校的親師會，也跟鄰居共進晚餐，」杜德納說：「我發現，『哇，我那小小科學界外面的人，都不知道發生了什麼事，而這可是會衝擊每一個人生命的大事呢。』」

你在這種技術發展軌道上的聲音很重要。重點不只是讓更多倫理學家和專家進房間開會，而是要我們每一個人都參與辯論。包括公司執行長、政治人物、科學家、技術創新者，當我們努力解決這些問題、對他人的決定和觀點形成意見時，可以把權力分散這點放在心上。我們可以一面設身處地，例如站在德萊妮·范·李珀、3D列印槍械的可能受害者，甚至未來平民太空旅客的立場設想，一面檢驗自己的意見和決定。

權力將會繼續以前所未見的方式更趨分散，絕不限於塑膠武器和拿我們自己的生物學做為武器而已。請認清這些技術已經駐留、怎麼也趕不走的事實。有些技術可以讓我們選擇什麼時候、在何種情況下運用；有些不允許我們選擇退出，例如警方和移民部門採用的臉部辨識技術。我們可以被動地看著這些技術發生，也可以讓我們的聲音被聽見。不論你是受影響多深的利害關係人，不論你是科學家、產品測試人員、立法委員、生物學學生、3D列印愛好者，或是偶然在網路上碰到什麼惱人東西的人，你都有機會阻止道德被流氓惡棍、巨型企業，甚至出於善意的科學家和創新者壟斷。

如果我們做決定時不考慮現實，邊緣只會繼續擴大。權力分散的現象一旦不受遏制，便會散播不道德的行為，並招致其他不道德行為的危險形式。

第3章 接觸傳染

據普立茲獎得主、作家羅伯特・艾倫・卡羅（Robert Allan Caro）的說法，二十世紀美國政治史的轉捩點之一是一九四八年民主黨參議員初選，德州眾議員林登・詹森（Lyndon B. Johnson）和德州州長寇克・史蒂文森（Coke Stevenson）之間的決勝。那是「活潑生動的政治道德劇」，卡羅在他引人入勝的詹森傳記第二冊《詹森傳：晉升之路》（*The Years of Lyndon Johnson: Means of Ascent*）中寫道。我們將看到，那充斥著接觸傳染的不道德行為。

卡羅指出，這兩位候選人的競選風格是「新舊政治的對抗」。舊政治那一邊，寇克・史蒂文森是人見人愛的「牛仔州長」，受原則驅使多於政治。「他不僅童叟無欺，」一名說客告訴卡羅。「還徹底講求公平公正。」史蒂文森沒做什麼競選活動，幾乎沒有競選演說也沒做什麼承諾，就只是開車在小鎮之間穿梭拜訪選民。

至於新政治那一邊，詹森「為了勝選無所不用其極」，包括各種動搖選民的策略，那在今天或許看來如家常便飯，但卡羅記述，那正是源自詹森一九四八年的競選活動。

例如他會運用科學民調、廣告、聘公關專家勤上電台專訪，還會運用「媒體操縱」技巧來「影響選民」。不聽顧問之勸，他對史蒂文森的紀錄提出不實指控，在演說中嘲笑他是「什麼也沒幹先生」和「算計的寇克」。詹森不搭宣傳車，反倒租了一部直升機載他赴各地發表競選演說，還雇用樂團在他到場前表演，以便吸引觀眾和報章頭條，使他信心大增。「我知道我會像秋風掃落葉一般席捲選票，」詹森這麼告訴一位記者。「我在群眾之中感覺得出來。」[59]

但初選當天，一九四八年八月二十八日，依據達拉斯、休士頓、沃斯堡（Fort Worth）等採用新投票機的地區較快回報的結果，史蒂文森領先兩萬多票。但多數選區仍仰賴紙本選票。接下來三天，近百萬張選票由各選區選務官清點，然後致電或拍電報給德州選務局。一天一天，史蒂文森領先的票數愈來愈少。

到了選務官移交票箱、統計表和清冊的期限，即八月三十一日晚上七點，選務局公布新的數字：詹森四九四、二〇六票，史蒂文森四九四、五五五票。史蒂文森只領先三百四十九票。雖然還不是正式的結果，報紙卻宣布這是穩當的領先。就連史蒂文森都「相信自己贏定了」，卡羅這麼寫。

往後幾天，民主黨全國各執行委員會覆核票數紀錄表，偶爾向州委員會提出修正。如卡羅描述，詹森的幕僚就是在這時開始打電話給德州各選區的競選主管和當地領導人問他們能否「重新檢查」、多「找」一些選票出來。至少有一個人答應多找一些選票：

地方大樁腳喬治．帕爾（George Parr），一名在德州南部數郡呼風喚雨的商人。帕爾視詹森為恩人，認為他一九三二年被判的逃稅罪能夠獲得總統特赦，是詹森的功勞。「他一直在等電話鈴響，詹森需要幾票，他就幫詹森找幾票。」卡羅寫道。

九月三日，即選舉六天後，吉姆威爾斯郡的委員開始複查各選區的票數紀錄表，核對已回報的數字。前十二個選區的總票數完全相符，接著來到第十三選舉區：名叫愛麗絲的德州小鎮。該選區是由喬治．帕爾的代行者和選務官路易．撒拉斯（Luis Salas）監管，但他因為在一場酒吧衝突中殺人，已逃往墨西哥。撒拉斯回報的票數是詹森七百六十五票、史蒂文森六十票。但現在他的票數紀錄表卻顯示詹森有九百六十五票，活生生多出兩百票。

當天下午，德州各地的校正都回報給選務局。新的列表顯示驚人的結果：詹森以八十七票之差擊敗史蒂文森。

史蒂文森和他的律師立刻拜訪民主黨執行委員會秘書長，要求檢查第十三選區的選舉名冊和選票紀錄表。秘書長不情願地允許他們查閱那些文件，然後在他們開始抄寫名字時收回許可。但那一小段時間已足夠讓律師觀察到，撒拉斯所記七百六十五票中的「7」已被改成「9」。另外，投票人清冊上最後兩百〇一個名字（其中兩百個投給詹森，一個投給史蒂文森），則是用同樣的墨水和字跡簽名，而且是依姓氏字母順序排列。

律師團緊接著拜訪愛麗絲鎮民尤傑尼歐·索利斯（Eugenio Soliz），律師相信他是名單上最後一位真的有去投票的人。索利斯說他是在投票所關閉前二十分鐘到那裡，當時沒有其他人在場。這表示後面二〇一位選民必須在接下來二十分鐘抵達，依姓氏字母順序排列，而且只有一個不是投給詹森。他們聯絡了九位在索利斯後面簽名的人——律師團能夠在名單被收回前草草記下的名字。那九個人在那一天都沒有去投票。事實上，其中三人已經過世。

雖然有明顯選舉舞弊的事證，詹森在德州民主黨執行委員會的死忠支持者仍以二十九票對二十八票的些微差距保住他的勝利，提名他代表民主黨參與普選。史蒂文森不肯放棄，順利請求一位聯邦地區法院的法官下令在他召開證據調查聽證會期間，不得讓詹森的名字出現在選票上。但喬治·帕爾協助拖延時間。證人忽然都不在國內或不知所蹤。路易·撒拉斯聲稱第十三選區的投票紀錄在他車裡被偷。而當法官下令將吉姆威爾斯郡所有票匭（包括第十三選區的）帶到法院以便一一檢查選票，票匭鎖的鑰匙又不翼而飛。法院得去找鎖匠，再次耽誤調查進度。

同一時間，詹森的私人律師亞伯·方特斯（Abe Fortas）在幕後進行一項大膽的法律策略來結束調查、確保詹森的名字出現在普選選票上。他的策略是根據這個事實：州選舉是適用州法的事務，因此不在聯邦法院的管轄範圍。如卡羅所描述，方特斯的計畫是上訴到聯邦巡迴上訴法院來中止聽證會，但論點薄弱到必敗無疑，以便迅速轉進美國最高法院。到了最高法院，他們會向那位對第五巡迴區負行政責任的法官提出比較強有力的論據：大法官休戈．布萊克（Hugo Black）。方特斯相信布萊克法官會因管轄權議題裁定中止聯邦法院的聽證會。

方特斯的法律操作成功了。就在第十三號票匭將於群眾擁擠的法庭上被打開來檢查前幾分鐘，布萊克大法官同意詹森的管轄權論點，宣布聯邦地區法院的命令無效。證據調查聽證會戛然而止，第十三號票箱始終沒有被檢查過。詹森從其他帕爾「管區」得到的數千票也沒有。不久，第十三號票匭也憑空消失。

「其中有些選票是由死人『投下』的證據，始終沒有在法院攤開。」卡羅指出。詹森的名字被列在選票上，而他繼而在十一月打敗共和黨候選人，拿下美國參議院一席。一九六〇年，他成為約翰．甘迺迪（John F. Kennedy）競選總統的副手。當甘迺迪在一九六三年遇刺，詹森宣誓就職為美國第三十六任總統。

「他在一九四八年選舉的險勝被喻為『改變歷史的八十七票』——確實如此，」卡羅說。「詹森擔任總統是美國歷史上的分水嶺，而沒有那場選舉，也許就不會有詹森擔任總統這回事。」

卡羅所記錄的詹森「邁向權力之路」為我們檢視接觸傳染：驅動道德決策的第三種作用力，扎下絕佳的基礎。「接觸傳染」一詞通常指疾病的傳播，但此處它是在形容行為、想法和決策的擴散。早在詹森從政之前，這種不受時間限制的作用力就對倫理道德有重要的影響，但此後更在邊緣地帶變得強大難撼。

關於接觸傳染最關鍵的一點是：我們傾向把焦點擺在杜絕和懲罰不受歡迎的行為，卻不去遏止行為擴散的原因：我們一直沒有領會接觸傳染的要義。道德決策架構可助我們預防有害決定及其後果的接觸傳染，並促進正向行為的傳播。

如詹森和其他人的故事顯示，不道德的行為可能極具傳染性。不道德的行為會自行擴散到變成常態，擴散到就連本意良善、可能從沒想過要做出不道德或非法行為的人都開始這麼想：大家都這麼做，也許沒有那麼壞。大家都這麼做，我為什麼不該做呢？隨著接觸傳染蔓延開來，愈來愈多人做不道德的事，那會成為「常態」甚至「標準做法」（standard practice）。（接觸傳染也可能傳播道德行為，但要將接觸傳染做為善的力量來運用，需要積極主動的承諾。）

在詹森的例子，接觸傳染甚至在一九四八年參議員初選前就塑造了他的政治史。在十三號票匭醜聞案七年前，他就接觸過腐敗行為。一九四一年，身為三十二歲眾議員的他競選開缺的參議院席次。詹森的主要對手是綽號「老爹」的州長李·歐丹尼爾（W. Lee O'Daniel），根據德州公共電台（Texas Public Radio）的簡介，他是電台名人兼「叫賣商人」。選舉當天，一九四一年六月二十八日，在開出九六%選區後，德州選務局公布詹森領先五千票，各家報紙更斷言詹森獲勝。自信滿滿的詹森叫他的主要選區回報最終票數，而非等待。但這卻給了歐丹尼爾團隊時間打電話給掌控德州東、南部的死忠樁腳，他們後來交出足夠的「遲來」選票，以近一千一百票之差打敗詹森。

詹森自己被偷走一場選舉，而他如法炮製，跟著做了不道德的行為。卡羅指出，一九四八年詹森的假票數一再被他的盟友以「這是德州政治的常態」為由開脫，換句話說，那是會傳染的。然而後來，這種行為發生突變。

突變指某人最初的行為在自己或別人身上啟發了新類型的不道德行為。例子包括撒謊掩蓋最初的行徑、買通別人幫忙保密，或主張就算已經知道安全缺失和管制失靈，飛機仍要繼續飛。「演化」、「轉變」、「發展」、「改造」等詞語都包含或好或壞的改變，也是突變的指標。但是在邊緣地帶，突變會引爆不可預料、規模前所未有的新惡行，大量製造出進一步傳染和突變的機會，使不道德行為的衝擊變本加厲。而這會回過頭來使我們判定利害關係者和後果的能力每況愈下。

在幾乎每一個案例，接觸傳染都會把位於道德困境震央附近的利害關係者拖下水。有時，勇於面對傳染會使他們置身難以防守的處境，像是丟掉工作、危及關係等等。例如詹森和他的支持者就接連產生多種突變，像是對史蒂文森提出莫須有的指控、發過誓仍對法官撒謊、「弄丟」投票紀錄，和試圖掩蓋詐騙的證據等等。就連詹森的直升機駕駛也加入欺騙的行列：當詹森累得沒辦法跟民眾見面，他在乘客座上打盹兒，要駕駛盤旋在會場上空，裝作是他透過擴音器向群眾說話。

要順利完成不道德的行動，通常需要廣大的配角群。若非喬治．帕爾、路易．撒拉斯、亞伯．方特斯和其他許多人在詹森的騙局軋上一腳，他第二次參議員選舉可能也會失利。沒有那場勝利，詹森在總統任內促成的多種持久性突變也許就不會發生，尤其是他在一九六五年酬庸方特斯，任命他為最高法院大法官終身職[60]。對突變有所貢獻的不同因素愈多，後果就愈黏著，愈長久。

正如不道德的行為需要其他人攜手完成，反過來也可能成立。事實上，有時只需要一名配角扮演關鍵角色即可阻止傳染。倘若FAA照規矩審核獅子航空的災難，或更嚴格地核發執照，衣索比亞航空的悲劇或許就可以避免。

接觸傳染不僅較容易散播給位於不道德決策周圍的人，不道德決策這張無邊無際的網，也會將愈來愈多沒意識到的人捲入其中。有多少民眾知道政府單位是如何透過在公共場所拍攝的照片追蹤他們？或者回到詹森的例子：有多少美國人和外國人了解詹森的欺騙是如何助他入主白宮成為三軍總司令，進而影響越戰結局？

如你所見，接觸傳染並非單獨發生。所有驅動道德的作用力會相互搭配來強化行為。我們動輒將道德問題過度簡化成二分法的選擇，會使我們忽視細微差異，而那些細微差異一旦化膿潰爛，便會進一步傳播不道德的行為。例如，如果我們決定社群媒體公司應提供使用者付錢避免針對性廣告的選項，便可能忽略這會怎麼使數位不平等更趨惡化，讓無力負擔資料隱私的民眾雪上加霜。何況如果廣告的受眾變少，各公司或許就有更強的動機來運用操縱性的廣告策略。

權力分散也可能讓接觸傳染變本加厲，反之亦然，而且不只是傳染本身，也會加快傳染突變和權力分散的速度、擴大其範圍。例如當我們觀看3D列印技術時，權力分散的傳染力便大大增加：一次不只有一位、十位或一百位民眾擁有在家製槍的能力，可能同時有數百萬人擁有製造塑膠槍械的權力。愈多傳染與突變發生，就會有愈多利害關係者受到波及，也可能有愈多權力被散播開來。

不過接觸傳染也可能以正向的方式分散權力，賦予更多人權力與機會來驅動有益的行為、決定和構想。不妨想想馬拉拉・尤沙夫賽（Malala Yousafzai）的例子。她在巴基斯坦的史瓦特村（Swat Valley）長大。當那裡落入塔利班（Taliban）掌控，馬拉拉用假名在BBC部落格寫她的生活，並質疑塔利班的動機。二〇一二年，年僅十五歲的馬拉拉因撰文主張女孩應有上學的權利，被塔利班極端分子開槍擊中頭部。她大難不死。她的勇氣在世界各地競相報導，透過網路及社群媒體，也經由名人和世界級領袖傳播她的理念，鼓舞人民為保障女孩的受教權而奮鬥。二〇一四年，十七歲的她成為史上最年輕的諾貝爾和平獎得主。

行為，包括道德與不道德的行為，在今天都比以往更具傳染力。我們常掉入僅著眼於消除不受歡迎行為的陷阱，而未鑑定及排除接觸傳染的原因，即**驅動因素**。忽略這些驅動因素，就是違反道德的行徑會傳染得如此快速的主要原因，也是為什麼我們會失去前所未有、傳播正向決策與行為的機會。

基本上，接觸傳染的驅動因素就是誘使人們做出重視或無視道德之選擇的理由或動機。當我們無法加以根除（或加以駕馭、導向合乎道德的決定），就會看到同樣的行為和決定一再反覆出現，或者突變。在十三號票匭醜聞案，若允許調查繼續進行，將選舉舞弊的主事者繩之以法，就是阻止惡行接連發生的重要第一步。那會削弱數種最早舞弊及其突變的驅動因素，例如守法觀念薄弱、有恃無恐和利益衝突等。

再舉一些傳染及突變的驅動因素未被遏止的例子：一架飛機失事；驅動因素（不守規定、管制欠佳、貪心、傲慢等等）未加探討；沒過多久，又一架飛機失事。或是一位奧運明星運動員使用禁藥作弊；驅動因素（競爭、壓力、嫉妒、追名逐利）普遍存在；隊友、其他隊伍、更廣大的運動參與者，甚至年輕運動員都會開始使用禁藥，直到「大家都在用」。然後使用禁藥會突變成賄賂檢驗官員、跨國運送違禁藥物，以及威脅物理治療師三緘其口。

許多直接與間接驅動因素都會引發行為與決定的擴散，包括正面與負面的擴散。其中有些是已流傳數百年的傳統因素，有些則是隨新技術出現的前衛因素。將它們分門別類（請參考「驅動道德接觸傳染的因素」，八十九頁）能助我們鑑定出哪些因素

驅動道德接觸傳染的因素

傳統	前衛
貪婪、恐懼、嫉妒	無人駕駛的車輛
不自覺的偏見	社群媒體
名聲	基因編輯
利益衝突	3D 列印
無效的管理	照顧機器人
傲慢	職場機器人
武斷	人工智慧
競爭	臉部辨識技術
同溫層效應	深度造假／假新聞
有恃無恐	區塊鏈
扭曲的激勵	電子菸
階級濫用	共享經濟
守法觀念薄弱	虛擬助理（Siri、Alexa 等等）
孤島（silos）	自主性武器
無效的傾聽	技術獨占
病毒	駭客
檢舉遭到報復	平民太空旅行
事實受損	**事實受損**

對眼前的決定真正至關重大。別被這張表嚇到了；相信你很快就能辨識出你所面對或在新聞中看到的道德問題，究竟有哪些驅動傳染的因素。

前衛的驅動因素有時比傳統因素難以理解，卻極具影響力。例如社群媒體和網路都協助傳播馬拉拉的理念，感染全球。飛機、飛天計程車和平民太空旅行的技術除了讓我們飛得更快更遠，也可能把我們的理念、決定和行為傳播得更快更遠。電子菸可能使人上癮（個人的重複行為），也可能透過社交圈傳播。就算一些前衛因素已成為我們日常生活的一部分（例如共乘平台和數位助理），我們仍未看清它們散播行為或其後果的全部潛力。它們分別，也一起，模糊了我們的視線：我們再也無法想像這些技術的用途和風險將如何演變，或者誰該掌控與其用途有關的決策，誰該為技術造成的危害負責。

傳統驅動因素天天出現在我們的生活中。例如，壓力會以各種偽裝出現，並包覆其他因素（諸如扭曲的激勵和抑制、恐懼、性騷擾、不合理的績效目標等等）。就像中學生會對同儕施壓或屈服於同儕壓力，成年人也會基於「如果我們不做，別人會做」或「我承受不起丟掉飯碗的風險」等想法建立基本論述。

追求完美是極具毀滅性的傳染驅動因素，我在執教時太常目睹這種現象。當我們追逐不可能達成的目標（例如不切實際的美的標準或績效目標），會產生三種主要反應。第一種是放棄，因為要是我們必敗無疑，根本沒有理由去試。第二種是靠欺騙來試著達成目標。第三種是繼續追求、繼續受苦。一項以一九八九至二〇一六年美國、加拿大及英國大學生追求完美為題的研究[61]發現，這種動力正與日俱增，造成心理健康議題蔚為流行：從憂鬱、焦慮，到自殺的念頭不等。完美既非值得讚賞亦非可以達成的目標。它會損害我們的決策，也危及全球健康與個人福祉。

讓我們更仔細地探究一些主導詹森事蹟的驅動因素：

事實受損：這是接觸傳染最具毀滅性的因素之一，包括撒謊、否認、歪曲或不尊重事實。那幾乎從來不會傳播可取的行為。詹森的案例顯示事實受損可能有多慢性、多頑固，既會讓虛假像雪球一般愈滾愈大，還會誘發其他驅動因素。如卡羅和其他人指出，詹森什麼都撒謊，從有重大後果的（就任總統時，他發誓不會擴大越戰規模，卻又多送了數十萬美國士兵去打仗）到影響較輕微的（明明得的是肺炎，卻自稱染上登革熱）；從個人事務（他的曾祖父並非死於阿拉摩之戰〔Alamo〕，因為在阿拉摩城失陷時，他的曾祖父根本還沒來到德克薩斯）到政治事務（低報美國越南任務的成本與分量），無謊不撒。卡羅指出，詹森的名聲在大學就建立了，同學「相信他不僅對他們撒謊……更有某種心理因素迫使他對他們撒謊，讓他就算明知謊言可能被揭穿仍要撒謊，甚至在謊言已被揭穿之後繼續撒謊。」

在一九四八年競選參議員期間，他對史蒂文森的抹黑傳染力強到他的演講撰稿人一直把那寫進講稿，直到媒體也開始重複：「你明明知道那是天大的謊言，【但】你還是重複再重複再重複。一再重複——就是這樣。」「信用差距」（credibility gap）一詞，指大眾對政治人物聲明和承諾的真實性缺乏信心，在一九六〇年中期廣泛使用，在那個電視將越戰生動鮮明地帶入我們家中的年代用來形容詹森總統。就像今天社群媒體和網際網路等驅動因素，電視也散播了被詹森損害的事實，但也讓抱持懷疑的個人得以查核真相、質疑他謊話連篇。

壓力與追求完美。這些驅動因素在我們日常生活和管理階層一般重要。如《晉升之路》第十二章的標題所暗示，這場選舉對詹森來說「一翻兩瞪眼」；是「他最後的機會」。因此當競選活動成效不彰，他只能從作弊和失敗中擇一。

自尊與名聲：直升機、樂團，甚至詹森一出直升機就扔大牛仔帽的招牌動作，全都引來詹森渴望的群眾和媒體關注。這不只是競選花招。他的行為常是由自尊和對名聲的嚮往所驅使。例如，卡羅指出，詹森會拍記者馬屁，一一向觀眾介紹他們的名字，但「一旦在他們的報導中嗅到一絲批判的氣息」，他會馬上翻臉，「無來由地」抨擊和「嘲笑他們」。

權力：卡羅形容追求權力是詹森全力投入的特徵，他不僅展現「辨識權力途徑的天分，也展現摧毀路障的冷酷無情」。他一心一意聚焦在權力、執著於盲目的忠誠、野心無窮無盡，使他一再為政治利益撒謊、欺騙，也致使他人做出類似不道德及違法之舉。卡羅也揭露詹森是如何不尊重甚至虐待妻子「瓢蟲夫人」（Lady Bird），以及用憤怒及恐懼支配部下。

傲慢：自認高人一等、相信自己懂得比任何人都多，像詹森這樣的自大之徒通常不會傾聽（他沒有理會顧問對攻擊史蒂文森的疑慮）。他們也常因為害怕弱點或錯誤被暴露出來（另一項驅動因素）而受苦。因此，他們一般不歡迎別人給意見，或制衡他們的想法。他們不會考慮需要什麼資訊來做出最好的決定，因為他們相信自己是對的。更糟的是，他們拒絕激烈的辯論，就算那有助於破除資訊孤島、防範事實受損。我認識或共事的真正道德倡議者都不會驕矜自滿。

守法觀念薄弱、公權力薄弱、有恃無恐：無法執行法律、規範或原則，就會引發不道德的行為，因為民眾或許認為他們所作所為的風險很低，不會因此受罰。這會鼓勵更多人有樣學樣，或使行為變本加厲，民眾和機構都會不斷測試執法的底線。於是眾人設想的問題變成「我可以僥倖逃過什麼？」而非「就道德而言，正確的決定是什麼？」了。

在十三號票匭醜聞案，法律要求選區官員在明確期限前把票箱、紀錄和清冊交回，但喬治．帕爾的黨羽有恃無恐地遲交選票、竄改紀錄表上的數字、填寫姓名、提供無事實根據的修改。詹森在他一九四一年的選戰中學到，你只需要等對手的選舉報告出爐，然後設法交出足以打敗他的票數即可。數十年後，在詹森去世、帕爾自殺之後，七十六歲的路易．撒拉斯決定尋求「心靈平靜」、揭露「政治腐敗」。一九七七年，他告訴美聯社記者，是他幫詹森偷走那場選舉：「法律隨便我們玩，」撒拉斯說：「我們可以告訴任何選務官員：『八〇%選票給我們，二〇%給對手。』」守法觀念薄弱、公權力薄弱、有恃無恐加上其他因素，讓他們得以偷走選舉。

有效的服從和管理在邊緣地帶可能格外困難。如我們在基因編輯、3D列印槍械等傳染驅動因素所見，這兩者都規避了監督、跑得比法律快。但關鍵在於，我們起碼要能察覺有哪些因素正在起作用。

不道德的行為不會自行停止，傳染的驅動因素也不會。除非我們主動積極消除驅動因素（或導向善途），它們會繼續升級，促使行為擴散和突變。頑固不退的驅動因素左右了詹森的心性。尤有甚者，它們相互激盪、彼此激化。追求權力與極度忠誠使他罔顧事實、放棄聆聽、把恐懼當成武器。那發生收音機還被視為前衛的年代。今天，傳統的驅動因素常與前衛的驅動因素，如社群媒體聯手出擊。

但如同決策很少是「百利無一害」或「百害無一利」，人也一樣。詹森也帶頭做了許多有益的決定。擔任總統時，詹森規劃了一整套擴展民權的內政方案，即「偉大社會」（Great Society）立法，並實施聯邦醫療保險（Medicare）、聯邦醫療補助（Medicaid）及「打擊貧窮」（War on Poverty）。他支持《一九六四年美國民權法案》，宣布因種族、膚色、宗教、性別、血統而產生的歧視違法；也支持《一九六五年選舉法案》（Voting Rights Act of 1965），禁止投票過程的種族歧視。根據美國國家公園管理局（National Park Service）的資料，他簽署了三百多項保育措施成為法律，包括《一九六三年清潔空氣法》（Clean Air Act of 1963）[62]、《一九六五年水質法案》（Water Quality Act of 1965）[63]、《一九六六年瀕危物種保護法》（Endangered Species Preservation Act of 1966）[64]，皆以保護環境、擴大國家公園涵蓋地區為目標。

但一如我常跟客戶說的，沒有淨道德得分這回事。良善的選擇無法為不道德的選擇開脫。我們必須為每一個決定負責。

詹森的故事闡明行為會如何擴散、突變、互相吸引，而形成反覆的不道德行為，直到變成常態為止。但接觸傳染不限於那些蓄意做出不當決定的人。就連受道德驅使的個人也可能是傳染的幫兇。最好心的人也被捲入各種會傳染的言行，催化出全國性的健康危機，使他們在不經意中違背了「但求無害」的重誓。

■

二〇一八年九月，二十二歲的大學生賽琳娜請長期幫她看診的牙醫師史密斯醫生拔掉她下排兩顆智齒，（我改了這個故事的人名，以保護病患和牙醫師的隱私。）那不是一項容易的手術。第一顆拔得相當順利，但第二顆出奇困難，使賽琳娜的牙科手術變得遠比一般複雜而具侵略性。

在為時好幾個鐘頭的手術後，她帶著十錠消炎藥布洛芬（ibuprofen）和一張止痛藥處方箋離開牙醫診所。她直接前往一家藥局，藥師什麼也沒問就照單子開藥給她。然後她便回到和其他五個學生共租的房子，想休息一下。

同一天稍晚，賽琳娜的媽媽打電話問她感覺怎麼樣，手術順不順利。賽琳娜說她還覺得痛，但牙醫師開了處方給她，三十顆十毫克的 Percocet，她已經在回家路上去領了。她的用藥指示是每四小時吃一、兩錠鎮痛劑。

Percocet 是含有乙醯胺酚（acetaminophen，退燒、舒緩疼痛）及羥二氫可待因酮（oxycodone，強大的鴉片類藥物）兩種成分的藥物品牌名。根據美國國家衛生研究院（National Institutes of Health，NIH）的國家牙科和顱面研究所（National Institute of Dental and Craniofacial Research）的報告，類似的鴉片類止痛劑也以 OxyContin、Hysingla、Percodan、Roxicet、Vicodin 等品牌名稱販售。這些藥物對於消除侵略性外科手術後的極度不適或治療慢性疼痛可能非常有效，但在二〇一八年賽琳娜動手術時，媒體已廣為報導鴉片類藥物可能極易使人上癮。

根據美國衛生及公共服務部（U.S. Department of Health and Human Services）的報告，二〇一八年，兩百萬人「首次濫用處方鴉片類藥物」，而每一天都有超過一百三十人死於與鴉片類藥物有關的藥劑過量。年輕的成年人可能特別容易對這類藥物上癮。《美國牙醫學會雜誌》（*Journal of the American Dental Association*）一項研究指出，至少有三百五十萬人可能是透過牙科第一次接觸到鴉片類藥物，平均年齡二十歲。二〇一八年，美國二十六間不同教育機構約一萬九千五百名大學生接受俄亥俄州立大學專家進行的匿名網路調查[65]；九點一%的學生回說她們濫用止痛藥物[66]。調查分別問學生，他們在已不需要藥物治療後，是否曾留著、轉送或轉賣止痛藥：三六%曾留下藥錠、七%轉送朋友、二%轉賣。

在賽琳娜動手術之際，鴉片類藥物的流行病已是全國性的健康議題，上過新聞標題好多年了。可以理解的，賽琳娜的母親相當關心為什麼史密斯醫生要為應該是暫時性的疼痛緩解開立眾所皆知這麼容易上癮的藥物[67]。她打電話到診所了解，外科醫師助理解釋，在賽琳娜這種複雜手術後一次開三十顆 Percocet 是標準實務。[68]因為她有可能經歷劇痛，這種藥物可望大大減輕她所受的折磨。這樣也比較方便，助理說：多開點藥，屆時賽琳娜就不需要照規定再跑一趟史密斯醫生的診間來續藥了。

所幸，賽琳娜對自身的照護相當有警覺性，而且說來幸運，是以一種不快到詭異的方式。那種藥物讓她暈眩、噁心得厲害、睡不著覺，且對疼痛沒多大幫助，因此她無法繼續服用。（醫生告訴她一小部分的病患會對止痛藥產生不良反應。）她把剩下的藥交給她的基礎治療醫師，改用超強效的泰諾（Tylenol）和冰敷患部來應付持續不斷的劇痛。不同於其他許多人，賽琳娜的故事結局充滿希望。無數無辜的患者和家人不可能知道，遵照醫囑也可能導致藥物成癮。

史密斯醫師竟也成了接觸傳染的幫兇，這點令人煩惱也驚訝。但這就是傳染可能愚弄我們的地方。我們或許相信只有惡人，竊取選舉勝利、接受藥商賄賂、或自己當「藥頭」（pill mill，診所或醫師不照醫療準則濫開鴉片類藥物）的那種人，才會屈服於不道德行為的驅動因素。但接觸傳染可能將我們任何一人拖進它黏答答的網，就連備受敬重的牙醫師也不例外。

身為受過高等教育的執業醫師，史密斯醫師在一間世界級大學醫學中心附近看診，這個社區也提供大量專業進修機會，提升他的執業水準。賽琳娜一家人找他看診多年，從賽琳娜的父親就開始了。史密斯以跟得上最新的牙科研究與技術著稱。他的職員為人都親切體貼，致力實踐診所以病患和社區為中心的使命宣言。

史密斯醫師之所以不慎為一種致命的流行推波助瀾，問題出在，於這個瞬息萬變的世界，我們該遵循「最佳實務」還是「標準實務」。史密斯醫師雖是出自好意，卻一次開了數量大到不必要的止痛藥，而非限制病患接觸極易上癮的藥物、更頻繁地控制劑量——何況鴉片類藥物的流行已廣為人知。

這本書無意分析鴉片類藥物危機的歷史與成因，但在我們探查史密斯的決策過程在哪裡動搖之前，我的確想強調一下危機蔓延與突變得有多嚴重。

這不是一位牙醫師的故事。這是一個課題：很多人忽略了一場全國性（終至國際性）悲劇的驅動因素。有太多毀滅性的決策與後果，致使衛生及公共服務部在二〇一七年十月遵照川普總統指示，宣布這場危機為「公共衛生緊急情況」。正如同史密斯醫生未曾故意傷害病患，未曾想像自己會使用毒品的年輕人，正進行非常危險的違法用藥，而且是從適量服用合法處方藥物開始。鴉片類藥物危機也有一些特別令人擔心的突變，包括海洛因、芬太尼（fentanyl，常做為原鴉片類處方藥物的代替品，比較便宜也比較容易取得）藥劑過量比率節節高升、C型肝炎感染達到高峰（因用藥者改注射海洛因）[69]、毒品黑市蓬勃發展，以及「藥頭」愈來愈多。而我們甚至尚未提及與失敗的管制監督和大規模企業不法關係更直接的突變網——從故意製造更容易上癮的藥丸，到非營利組織收到遭受鴉片類藥物利益玷汙的慈善禮物。

就連最好心的人也可能助長不道德甚至致命決策的傳染與突變。光有最好的心意是不夠的。要降低風險、擴增機會，我們需要將傳染與突變，及其所有驅動因素納入我們現有的決策，以及對過去決策的評估。這種行為可能（或已經）擴散到哪裡而招致其他不受歡迎的行為？可能（或原本可能）有哪些驅動因素正在運作？

現在讓我們看看史密斯醫師的處境，以及他或許可以怎麼在接獲抱怨之前，主動積極地構思處方實務。

就從道德架構的四個梯階開始：原則、資訊、利害關係者、後果。在這裡，原則並未觸發非故意的處方過量。史密斯醫生堅守以病患為中心的原則，包括致力於預防性牙醫學、技術、代間信任、熱情，以及令人愉快的照護環境。他煞費苦心的實務管理顯示他一直努力應用這些原則。

道德決策架構在這裡最關鍵的梯階是資訊，也是我們把傳染、突變與相關驅動因素的插頭插上去的地方。在事先預防與事發反應上，我們都必須考慮兩個層面。首先是明顯的傳染驅動因素，以及有可能起作用的因素；再來是已經發生或可能發生的傳染與突變的後果。不把傳染和突變涵蓋進去，我們就得不到我們需要的資訊。也鑑定不出潛在的資訊缺口，做為持續監控的基礎。

在史密斯的例子，乍看下，我們可能會斷言貪婪（醫生從藥品業務代表那裡收取回扣）和利益衝突（醫師接受藥商設宴款待），常驅使醫事人員開立過量鴉片類藥物的處方，強化傳染和突變的效應。但這些因素不存於史密斯醫師的例子。他並不貪心，也似乎沒有利益衝突。他深信他的原則。許多醫師和牙醫師都發現自己不知不覺處在像史密斯醫生這樣的境地。答案在別的地方。

道德架構需要監控——提出「世上有什麼事情已經改變？那些改變如何左右我的決定，並影響我看待他人的決定？」傳染的另一種隱伏因素，也是在這種情境中最重要的因素，是未能監控外部環境的變化。

在這位牙醫師的例子，有充分資訊顯示他應該質疑自己開立處方的實務是否仍是最安全、最有效的。除了主流媒體報導，專業牙醫期刊與美國牙醫學會（American Dental Association，ADA）的政策宣導都說得很清楚：美國正深陷一種健康緊急情況。

二〇一八年，在賽琳娜動智齒手術前一個月，《美國牙醫學會雜誌》才有一篇報導宣布ＡＤＡ要和國家衛生院合作，協助牙醫師安然度過這場危機。另外，研究顯示，已經有許多牙醫師改變處方實務了。一九九八年底，牙醫師占所有速效型（immediate-release）鴉片類止痛藥處方的一五．五％；到了二〇一二年，數字掉到六．四％，而這部分應歸功於ＡＤＡ的政策。

監控工作也要問這兩個問題：利害關係者有何改變，以及傳染和突變如何以不同的方式影響不同的利害關係者。比方說，醫生要思考個別病患的情況。若是七十歲無藥物濫用史的病患需要在複雜手術後服用效用強大的鎮痛劑，尤其如果他們住得很遠，較不方便回診拿續藥處方箋的話，也許醫師可斟酌開給他們較多藥物，並附上有關使用、處置和嚴重致癮風險的清楚說明。若對象換成大學生，醫師的決定可能就不一樣了。

這個故事是至關重要的提醒：要是我們沒處理好資訊的梯階，會發生連鎖效應，把其他所有梯階弄歪。我們將無法適切地觀察利害關係者或潛在的後果。如此一來，就會做出昧於現實的決策。

在此我不是要提供醫療建議，也不是要針對特定藥物或劑量的醫療適當性（medical appropriateness）妄下定論。而是要說，道德決策架構可助我們預防接觸傳染、做出有效的回應，並在道德動搖時修正錯誤。我們全都可以在做每一個日常選擇時看看周遭的變化，無論是思考社群媒體不斷演化的致癮風險，或參考來自Uber和Lyft等公司最新的安全報告。全都可以留意我們的決定會對不同利害關係者造成何種衝擊，也全都可以問自己：我思忖決策的方式該做什麼樣的改變？我怎麼解釋「正常」這個詞？如果答案是「大家都這麼做（或仍在做）」，那就像舉起紅旗，代表你該再想一想。**如果世界在變，你在做決定時考量的資訊卻沒變，請把那視為警訊。**我們的道德必須跟上邊緣的變遷，否則我們會不知不覺淪為傳染的幫兇。

我們很少能預先考慮到接觸傳染的每一項驅動因素，或預測他們什麼時候會開始起作用，或將如何演變，但我們可以試著鑑定對我們的處境最重要的因素。史密斯是有愛心的執業醫師，也自認是業界頂尖。但在邊緣地帶，突變會把我們每一個人帶去想像不到的地方。我們確實擁有比目前使用更大的權力，可以在做每一個決定時鑑定傳染和突變，積極主動地防範或銷毀所有驅動因素。

■

「生命、自由和追求幸福」是我們引用《美國獨立宣言》所述的權利時，最常想到也深受激勵的例子。但我們可能低估了《獨立宣言》最後一句話的力量和重要性，即開國元勳承擔的責任：「為了支持這篇宣言……謹以我們的生命、我們的財產和神聖的榮譽，彼此宣誓。」

投票不只是權利，也是神聖的榮譽。美國最高法院大法官路易斯．布蘭迪斯（Louis Brandeis）曾寫道：「最重要的政治職務是私人公民。」當我們投票時，我們便承擔了維繫這份強大職務的責任。不論國家、政治形勢或選舉類型為何，不管候選人道德決策和行為的紀錄，我們都可以經由行使投票的權利來實踐我們神聖的榮譽。透過選賢與能、在抉擇時考量候選人的道德或對特定議題的道德觀，我們也可以督促領導人實踐神聖的榮譽。這也意味要不斷更新我們對神聖榮譽的觀念，來消弭在建國時期與立國文獻中相當猖獗且具傳染性的種族主義、種族歧視、不平等與不正義，那至今仍需要我們付出最大的謙卑與決心。

領導人選舉也是改變賽局、將接觸傳染與突變導回正途的機會。或恰恰相反。所有領域的領導人都有極大的機會與責任善用傳染、留意惡性傳染的風險。民選的官員，特別是政府或國家領導人，更有獨一無二的責任，必須留意傳染與突變在歷史中扮演的角色。領導既是最強大的傳染與突變驅動因素之一，也最容易淪入其他驅動因素的魔掌。

我從未告訴任何人該如何處理他們的道德兩難，當然也不會告訴任何人該怎麼投票。但我提供這個道德決策架構做為起點。這個架構協助我們將道德納入我們投票的決定，重新校準我們對政治領導人最基本的要求：行為應合乎道德。

假設你要從幾位總統、總理或其他位高權重職務的候選人之中做選擇。請先比較你們原則的優先順序：引導你做決定、向世界宣示你是如何運作、又期待別人如何行事的方針。你最重要的原則是什麼？候選人所敘述的原則跟那些一致嗎？如果某位候選人的言行擺明他不尊重你的某項核心原則，例如誠實或平等權，請把這視為重要的警示。

往往，你的原則不會跟某位候選人完全一致，這時你就必須判定你的優先順序。比方說，如果性別平權和環境議題對你很重要，而你屬意的候選人投票反對同工同酬，卻堅定地提倡環保，那你可能就得決定孰先孰後，做出妥協了。

接下來，請更深入檢視可以蒐集到的資訊。這是讓我們許多人頭昏腦脹的事情。有些人甚至因為不曉得怎麼分析所有資訊、沒有時間，或就是不知從哪裡著手而選擇不投票，這都可以理解。但如果我們著眼於兩個我們已經有深刻了解的重點，就需要依據與道德有關的資訊做取捨。首先，我們要尋找事證，看候選人的行為是否如實反映他嘴巴說的原則——那些原則是否與他過去的行為、政策、表決紀錄和特定議題的立場（如氣候變遷、經濟不平等）一致。

再來，我們要尋找候選人是否有屈服於不道德行為的傳染因素，甚至加以擴散的跡象。最重要的是，我們要問候選人是否尊重事實。任何漠視事實的證據都該讓你心生警惕。一旦有某一領域的事實受到損害，災情會擴散到其他地區，也可能暗示有其他的負面因素在起作用。不管那位候選人做什麼或說什麼（承諾、保證、自稱透明、過去的紀錄）都不能再信任了。該候選人親近的顧問、支持者和員工（配角）也可能發現自己被一張接觸傳染的網纏住了，從無法大聲糾正謊言開始，就像詹森那樣。

在政治範疇，其他要考慮的驅動因素常包括貪婪、不透明（例如不肯揭露醫療或稅務紀錄）、濫用權力、要求忠誠而非歡迎多元觀點、妄自尊大。詹森已經證明，讓一個展現這麼多傳染驅動因素的人擔任領袖的代價真的太高了。在邊緣地帶，這是一種定義人性的風險。詹森的例子也顯示這可能擴散定義國家的過程。

每個深思熟慮的人，對於原則、議題和候選人的看法可能都不一致。但我們全都可以透過提出下列問題，努力將道德納入投票時的考量：

我的原則是什麼？

我的原則和候選人所說他們遵循的原則是否一致？

資訊說明了什麼？候選人做的決定和平常的言行舉止，是否和他們嘴巴說的原則一致？候選人是否說一套、做一套呢？

如果你設想了這些問題，你將道德納入投票考量的程度，已高過多數公民，也提高了讓有德者入主白宮，或主持在地學校董事會的機率，

我們許多人所面對林林總總極具挑戰性的情境，也可以由道德決策架構引導。常有人告訴我他們想投給一、兩個主要議題的政策和他們看法一致的候選人，卻發現那個人行為可憎。美國總統是世界上最強的道德傳染動因之一。如果你是「單一議題投

票者」，或是只要同意候選人大部分的政策就可忽略其糟糕道德紀錄的選民，不妨先問問自己：我可以容忍朋友有同樣的行為嗎？我可以坐視或允許別人用這位候選人對待人民的方式對待我的配偶或孩子嗎？如果我任職公司的執行長，開始仿效同樣的行為，我會作何感想？

我常觀察到的另一個例子是選民得從兩個（或兩個以上）他們不喜歡的候選人擇一的狀況。（當然，要是有兩、三個通情達理又注重道德的候選人可挑，你可以選擇原則與你最一致的那位，接受你可能要放棄一、兩個原則的現實。）所有選項都不喜歡的人可能決定乾脆跳過思考過程，不投票。不投票是你的權利，但拜託，起碼先應用一下這個決策架構再做決定。如果你檢討過原則，也蒐集了資訊，仍無法做選擇，或者你還在考慮為單一議題投票給道德紀錄不良的候選人，深入探究決策架構接下來的兩條梯階：利害關係者及後果，或許會有幫助。

你已經從前面幾章學到，我們所做的決定，絕對不會只跟我們自己有利害關係。但我們卻常這般輕率地投票。在當今民主社會，我相信我們有責任多去看看自己國家以外的利害關係者與後果。對美國、英國、歐盟、日本、澳洲及其他民主強國的公民來說，我們的選票會對我們甚至永遠不會知道的利害關係者產生全球性的後果。我們選出的領導人，特別是美國選出的領袖，會對世界其他地方造成巨大的衝擊。

除了強有力地促進傳染，總統可以決定外交政策、外交援助或制裁、策略聯盟，甚至發動戰爭，給其他國家的男女老少帶來嚴重傷害或新契機。投票是一種基本權利，也是向世界各地的公民發出信號：**如果你不能投票，如果你不能在你住的地方暢所欲言，可以做這些事的我們會把你們放在心上。**你的選票擁有改變生命的力量。不是每個人都有這種權力，這就是它如此神聖的原因。

因為所有候選人你都不喜歡而放棄投票的後果是，你正在放棄決定誰將成為世界領導者的權力。你無法讓兩個候選人都當不了總統。先想想：選擇其中一位候選人的後果，是你完全無法接受的嗎？或者，某位候選人是否有哪些二元議題讓你投不下去？例如煽動種族主義或主張以不負責任的方式處理核武升級。

選擇不投票會削弱你對選舉結果及後果的影響力，包括現在及將來。那意味你放棄對無數利害關係者表態的機會，也放棄就國家安全、國內政策、隱私權、最高法院任命、管制的權力，邊界和移民等事務，以及加密貨幣、自主性武器、網路安全、人類基因體編輯、人工智慧等諸多議題，還有更多遠比以往廣泛、不可取代且不可預期的後果發表意見的機會。**但因為你有選擇的權力，你仍須為你的選擇負責。**選擇不投票，並不能讓我們免除道德責任，因新領導人上台而產生的風險和機會，我們仍要承擔責任。

我常聽到的另一個論據是，我們的一票無足輕重。如果你跟愈來愈多人一樣附和這種說法，我會主張勝選是一票一票的累積，敗選則是沒有足夠的一票。放眼世界各地，從古到今都不乏選舉結果非常接近的案例，也就是每一票都至關重大的時候。以下是很小的樣本：二〇一七年，英國工黨候選人愛瑪・丹特・高德（Emma Dent Coad）在肯辛頓（Kensington）以二十票之差拉下現任者；兩年後，她以一百五十票之差敗給挑戰者[70]。二〇一六年，大衛・艾金斯（David Adkins）以九票之差驚險保住他新墨西哥州眾議員的席位[71]。二〇〇〇年，在最高法院插手佛羅里達州你來我往的重新計票後，共和黨總統提名人喬治・布希（George W. Bush）以五百三十七票擊敗民主黨參選人艾爾・高爾（Al Gore），剛好給了他足夠的選舉人票贏得大選。一九八一年，從未擔任過公職的素人伯尼・桑德斯（Bernie Sanders）以十票之微擊敗現任者，當選佛蒙特州伯靈頓市（Burlington）市長。

每一張選票都會造就一種結果。但根據普查局的資料，美國二〇一八年的投票率僅約五三%。反觀同一年瑞典的投票率高達八七%左右。根據英國出口民調，受「脫歐」決策影響顯然大過長輩的年輕人，參與公民投票的人數卻比長輩來得少[72]。

我們每個人是什麼樣子，會在我們投票時累積成一支民族的樣貌。花一點時間來斟酌你的決定吧。如羅伯特・卡羅提醒我們的：「深入研究某一次選舉，不僅研究候選人的政見、哲理和承諾，也要研究其效益，研究其所有野蠻暴行，夠深入地著眼於這些要素，就會浮現關於民主政體競選活動的普世真理，以及形塑我們生活的權力的本質。」

不妨想像，假如我們有更多人把投票視為神聖的榮譽與責任，我們對領導人要求的道德標準會集體提升到什麼樣的水準。想像那會對世界各地造成受到何種正面的影響。想像我們的道德理念、行為和決定，會如何收到潛移默化之效。

第4章 支柱粉碎中

最近我去一個朋友於倫敦的公寓拜訪她。做晚餐的時候，她指著她的新裝置，流理台上的圓柱形喇叭說：「亞莉莎，明天倫敦是什麼天氣？」裝置活躍起來，回答下雨之類的。我的朋友擁有的是附帶亞莉莎（Alexa）聲控的亞馬遜智慧音箱（Amazon Echo），而全球可能已有數百萬家庭有類似的智慧型喇叭[73]。

當亞莉莎於二〇一四年首度上市時[74]，我抱持懷疑。我用手機查天氣、聽音樂就很方便了。更重要的是，我對亞莉莎「聽」我講話的概念感覺不自在。

幸好，我朋友的裝置在用餐時間默不作聲，讓我幾乎忘了它的存在。但我仍不時納悶它是關機了，還是有在聽，甚至一邊聽、一邊錄。

回家路上，我在手提包挖東西時不慎觸動 iPhone 的 Siri 助理，聽到她空洞的聲音問：「有什麼需要幫忙的嗎？」（「What can I help you with？」為 Siri 英文版的原始設定。）把那關掉，我開始懷疑無所不在的數位助理會怎麼影響孩子。我會允許我（現已長大）的孩子向 Siri 或 Alexa 問東問西，甚至呼來喚去嗎？會有什麼樣的心理健康和行為後果出現呢？我們會不會養出一個不看新聞、不透過研究調查尋找資訊，或者更糟的，指望有個數位僕人任他們使喚的世代呢？

拜訪朋友後不久，亞莉莎再度出現在我的職業領域。在準備史丹佛的一門課時，我偶然讀到一篇文章探討亞莉莎在一起雙屍命案扮演的角色。據報導，一位美國法官命令亞馬遜公司把新罕布夏州一處住家 Echo 設備的錄音交給殺人案的調查員，因為有相當理由相信裡面有「犯罪證據」。法官明確提到伺服器「以及為／由亞馬遜網站保有」、內含該裝置所錄音檔的紀錄。我大略了解亞莉莎的聲音資料儲存在伺服器是什麼意思，但那對我及社會有何意涵，我一無所悉。

我在亞馬遜的網站讀了常見問題集，上面說，亞莉莎會聽特定的「叫醒詞」：亞莉莎、亞馬遜、電腦、Echo。一聽到這些詞，「你問亞莉莎的話就會被錄下來，傳到亞馬遜雲端」處理你的請求。我仍未徹底放心，繼續深究而發現：「除非裝置偵測到叫醒詞（或按鈕啟動亞莉莎），不會有聲音被儲存或傳送到雲端。」

即便做了研究，我仍不理解我要考量什麼來決定要不要邀請亞莉莎到家裡或辦公室。我不知道真正的後果是什麼。會有專人聽那些錄音嗎？亞馬遜可能轉售那些資料嗎？何況我不是跟真人說話，不是不管我問什麼他都能回答；我是在跟一部機器說話，它只能回答經程式設計來處理和回應的問題。

像亞莉莎和其他居家型數位助理等前衛技術數量激增，加上我們熱情洋溢地在日常習慣使用它們，促使道德決策的三大支柱一一崩塌。就算我們努力理解或詢問會有哪些潛在的使用後果，仍無法得到充分的資訊和保障。

數百年來，對於如何在社會上奉行道德規範，我們有共同的期望，而那主要是因為彼此對於決定運作的現實有共同的認識。這些根本的期望係受到道德決策三大支柱的引導：**透明**（公開分享重要資訊）；**知情同意**（informed consent，基於對某項行動及其後果的認識而同意之）；以及**有效的聆聽**（理解說話者的意思）。

今天，我們在邊緣地帶比以往更需要這些支柱，因為在愈來愈複雜的現實裡，它們可以幫助我們重新確立共同的認識。你將看到這三大支柱能為我們的選擇提供資訊，協助我們回答：我們做決定時，是否依據我們對岌岌可危之事——資訊、利害關係者及後果——共有、精確的認識？我們該怎麼為那個決定分配道德責任？這些支柱也把我們彼此連結起來，從醫病關係、友誼、戀愛關係到公司針對消費者的行為，以及政府對公民的承諾等等。甚至讓我們與我們的機器產生更合乎道德的連結。

我們將透過 23andMe 等 DTC（direct-to-consumer，意為「直接賣給消費者」）基因檢測工具包的稜鏡，來檢視第四種影響道德的作用力——這些支柱為什麼會粉碎、如何粉碎、對我們的道德決策有何意義。我們將看看這些支柱該如何運作，以及如何在自己做選擇時設法防止支柱粉碎。我們將考慮的議題包括：出自善意、同意使用這些基因檢測工具包的消費者，可能怎麼以令人始料未及的方式，在無意間同意暴露甚至傷害親密的家人、親戚，和其他他們根本不認識的人；這些工具包的用途和技術不斷演化，如何進一步對這些支柱構成挑戰；權力分散和接觸傳染如何軋上一腳；以及如何重新建立有效的聆聽。

三大支柱：

透明是分享正確的必要資訊：我們知道哪些事物可能會對決策的結果造成實質衝擊——長期的後果與責任。透明的意思不是揭露所有潛在的風險，但該包含一位理性人士要在特定情況做出好選擇，所需的一切資訊。例如管制藥品在透明方面向來做得不錯：藥廠會提醒我們注意適當的劑量、誰不該服用、與其他藥物混用的危險，以及潛在的副作用。我們多數人不必知道配方的沿革及其他國家的消費資料。在其他例子，你或許該承擔透明之責，例如揭露你賣的車子有哪些瑕疵，或告知上司你犯了錯。

透明也可能為社會的決策提供資訊。我們寄望政府在公共支出、貪腐及汙染程度等事務做到透明（這會反過來影響我們的投票行為）。公民愈來愈希望公司發布與重要社會趨勢相關的資料，例如性別工資差距、多元與包容的努力，以及在環境永續方面的紀錄（這些都可能影響我們要不要進特定公司任職或購買其商品的決定）。透明固然可能是知情同意的基礎，但它本身也很重要。

知情同意是我們基於對某項行動牽連的一切事物及其潛在後果的理解，同意進行之。爸媽在送小孩去夏令營時一般會簽同意書。他們信任主辦單位會充分告知他們孩子參加營隊可能有哪些風險，其中有些可能是他們沒想過的。若做得好，我們簽名畫押的同意書上的資訊簡明易讀，旨在讓同意者清楚了解。知情同意不包括提供完整無缺的資訊，亦不保證結果，但它是一種指標，代表我們信任被提供的資訊，以及提供資訊的人。

有效的聆聽需要夠密切地關注對方所說的話和說話的方式，以便了解他們真正的話意。聆聽也與知情同意互相搭配，不論說話的人（或接收資訊的人）是營隊主任、醫生或朋友。在邊緣地帶，我們的聆聽必須更專注於細節、微妙差異、甚至言外之意，否則就有忽略大大小小資訊缺口的危險。一旦忽略資訊缺口，我們便會認不出利害關係者、看不清後果，進而扭曲我們的決策。

這三大支柱為我們扎下了依循道德對待彼此的基礎。當支柱運作得宜，就能協助我們正確地評估在決定中岌岌可危的資訊、利害關係者和後果。它們尤其能幫助我們聚焦在真正重要的事而不至於浪費時間，例如我們的孩子在夏令營是否可能受到意想不到的傷害，某種食品是否含過敏原等。換句話說，三大支柱讓我們的道德決策能以現實為依歸。一如下面的故事所示，三大支柱也能助我們相互承擔與分配道德責任，包括企業與個人之間。基於以上種種理由，三大支柱堪稱支撐信任的鷹架。

但在邊緣地帶，這些傳統的道德支柱正在粉碎。我們多半已無法再倚靠它們了。

沒有透明，我們可能會同意我們不了解的潛在後果，而對我們自己和他人的生命產生無法預期而永久的效應。在日常情境中，消費技術產品和平台廣為散播對粉碎中支柱毫無根據的信任。例如，亞莉莎可以回答什麼樣的問題？我們的對話會進行到什麼地步？誰聽得到？可以在法庭上使用嗎？

但粉碎不代表解體。我們可以在網路同意書、社群媒體服務條款、廣告的免責聲明、從網站上跳出來要我們點選「我同意」的視窗上看到這些支柱的輪廓。但它們沒有照我們的期待方式運作。它們已成為點掉煩人附屬細則的機械式活動（rote exercise），不再提供保護，也不是買賣雙方誠信互動的源頭。這會招致更嚴重的混亂而減損信任。

企業、政府、我們每一個人都有機會委身於這三大支柱、做出道德選擇、鞏固我們的連結。但比以往更甚的是，義務落在我們每一個人的肩上。誠如《時代雜誌》在宣布二〇〇六年年度風雲人物時指出：「你。沒錯，就是你。你掌控了資訊時代。歡迎來到你的世界。」

二〇一九年，根據《麻省理工科技評論》的調查，粗估有兩千六百萬人把自己的DNA資訊送給主要基因檢測公司的資料庫。報告進一步預測，到二〇二一年，這些公司將知道超過一億人的基因組成。雖然這些檢測極受歡迎，也有諸多益處，風險卻難以察覺且持續演化。我們真的了解我們同意了什麼嗎？抑或是，我們的同意會對他人造成何種影響？

二〇〇七年十一月，總部設於矽谷的 23andMe 推出美國第一組 DTC 基因檢測工具包，為消費者分析血統與健康資訊。只要九九九美元，加上一海綿的唾液和口腔內膜細胞 DNA，23andM3 檢測就可以預測你罹患一些常見病症如第二型糖尿病、心臟病、大腸直腸癌的風險及可能性——一般要透過遺傳諮詢師或其他醫學專家才能取得的資訊[75]。

一年後，價格跌到一次檢測三九九美元，而現在檢測可以提供九十種不同「疾病、特徵和症狀」的報告，從乳糜瀉（celiac disease）、乾癬（psoriasis）、帕金森氏症（Parkinson's disease）到攝護腺癌，應有盡有[76]。二〇〇八年九月，23andMe 在紐約時尚週（Fashion Week）舉辦派對，眾多模特兒、設計師和各界名流提供唾液樣本來了解他們的遺傳傾向。《時代雜誌》將 23andMe 的零售 DNA 檢測列為二〇〇八年的最佳發明。後來，該公司以全國性電視廣告及晨間談話節目與《好管家》雜誌（*Good Housekeeping*）的特輯淹沒市場，自我標榜為調查世系、解開基因謎團的途徑。DNA 檢測工具包甚至曾名列「歐普拉的最愛」（Oprah's Favorite Things）榜單。

23andMe 不是第一家也不是唯一一家直接向大眾銷售基因檢測的公司，但它是一家劃時代的新創公司，力求躋身主流市場，以便將個人基因資訊交到消費者手中。它最早的核心價值觀（或「原則」）是：「我們相信有工具評估基因資訊是好事」以及「我們相信你的基因資訊應由你自己掌控。」[77]

此後，已經有一票基因檢測公司加入 DTC 市場，將這種程序常態化（接觸傳染），DNA 工具包甚至被《時人》雜誌介紹為「給什麼都不缺的人的獨特假期禮物」，每逢黑色星期五和網路星期一（Cyber Monday，美國感恩節假期後的星期一）還有折扣價。據《富比世》和 CNBC 的說法，23andMe 在二〇一九年的市值達二十五億美元。

這些工具包是邊緣地帶的創新，兼具巨大的益處和莫大的風險。如國家衛生院指出，自我檢測可提升民眾對遺傳疾病的意識、通常比醫療機構提供的檢測便宜、不需要得到醫生或保險公司同意、可引導使用者「更主動積極」地管理自身健康，並蒐集或可用來提升科學研究與我們對疾病認識的基因資料。

然而，醫療資訊向來是健康照護提供者的領域，而他們要遵守病人隱私、知情同意、專心聆聽等嚴格的規定。23andMe 規避了醫師、遺傳諮詢師，甚至藥師。這也是「脫中介」（disintermediation）的例子，一如共享經濟公司排除中間人的情況。我們或許願意接受 Airbnb 的脫中介風險，也許跟櫃台人員講話並不重要，因為就算資訊不充足或有什麼誤解，頂多也只是毀了假期而已。但一旦我們脫離醫學專業的中介，支柱就粉碎了。我們必須自己查察嚴重的潛在後果：讀包裝說明或瀏覽與一般受眾交流的網站，而非和專家討論我們明確具體的情況。

在評估新技術和生物技術時，我們必須探查那些會從哪裡、以何種方式拆解支柱，不論是未能展現透明、誘使我們在不可能了解風險與責任時簽下同意書，或排除聆聽的程序。雙手一攤、點一下「我接受」便將屹立數百年的道德支柱拋諸腦後，不是好做法。我們需要了解那些侵蝕力會怎麼危害我們的道德。

另外，我們無法指望這些技術的創造者為我們考慮支柱的問題。「坊間對遺傳學有諸多誤解。」23andMe 的共同創辦人安妮．沃西基（Anne Wojcicki）在二〇一三年這麼告訴《紐約時報》。「但社會已發生巨大轉變，我們希望你，每一個人，開始為自己的健康負責。」

透過「希望你為自己的健康負責」，像 23andMe 這樣的公司提供了機會，也給了我們潘朵拉的盒子。他們強迫我們和生物學、親子鑑定和身分認同等複雜的問題搏鬥，我們卻沒有得到充分透明、知情同意和有效聆聽做為決定的後盾。當支柱被降等，從道德決策架構擰出來的資訊就會瓦解，我們也就難以了解自己所做的決定會有哪些潛在的利害關係者與後果了。

在邊緣地帶，三大支柱可能會基於三大因素而無法正常運作，我們將透過下面的故事進一步探究。這三大因素既影響我們這些消費者，也影響我們要把道德界線劃在哪裡、如何管理等重大社會決策。

首先，科學尚未證實我們需要哪些資訊來了解我們一旦同意便可能有哪些後果。法律也動彈不得：嚴重落後技術，又痴痴等待科學提供進一步資訊。

其次，我們無法獲知那些資訊，是因為業者（或政府）不肯告訴我們。這是可以修正的。業者可以主動揭露資訊，讓資訊更易理解，並暫緩推出新產品，等到新產品的潛在後果更明確後再上市。管理者可以要求業者更加透明，時時更新揭露規定、將不斷演化的風險涵蓋進來。但要這麼做，管理者必須了解那些風險。因此，他們同樣仰賴科學（並加快自己努力的速度）。

第三，我們無法獲知資訊是因為資訊的變化不可預測。新用途和新產品層出不窮，這些發展可能進而改變風險與機會，甚至溯及較早購買、使用那項產品的消費者。這種不確定讓人想起權力分散、接觸傳染與突變：最初的產品分化出意料之外的用途，並啟發新的產品，而新產品的風險更不可預測、難以察覺、大肆蔓延，連業者本身也無法掌控或預測。隨著每一種新發展問世、帶來新的挑戰，法律和社會落後得愈來愈遠。

在 23andMe 的例子，上述三大因素都削弱了支柱：科學和法律持續演變；業者難以提供容易消化的資訊給消費者；資訊本身也發生無法預期的改變，因為其他人又針對產品發展了新的技術。

這個案例也凸顯，不管法律如何規定，所有業者都有主動、自願支持三大支柱的責任。實際上，在這方面，管理者確實非介入不可。

二〇一三年十一月，23andMe收到食品藥物管理局（FDA）寄來的「警告信函」，指它「違反聯邦食品藥品化妝品法（Federal Food，Drug and Cosmetic Act）」。[78]該機構說它從二〇〇九年七月起就「盡力協助」23andMe，23andMe則表示FDA要求的臨床資料即將出爐。然而，那封信繼續寫：「FDA自二〇一三年五月就沒有再收到23andMe任何通信。反之，我方察覺貴方已實施新的行銷企劃，包括電視廣告。」FDA命令23andMe「立刻中止行銷」其遺傳健康服務，直到獲得「適當的授權」為止。（血統報告則允許繼續提供。）

到二〇一五年十月，在與FDA配合近兩年後，23andMe獲准提供三十六種遺傳疾病的健康資訊及「帶因狀態報告」（carrier status reports），包括囊腫性纖維化和戴薩克斯症，而其更新後的醫療報告被認為符合「有科學及臨床根據的FDA規定」。之後數年，更多檢測服務獲得FDA許可。該公司已針對產品說明和協助使用者閱讀健康報告的網頁做了改變和更新，以利更加透明。[79]藉由建議使用者在檢閱結果時徵詢「具備臨床遺傳學知識者」的意見，他們也試著將聆聽重新嵌入過程之中。

要努力與透明搏鬥的不只是23andMe。所有公司都有責任確保本身提供的資訊平易近人，且**收受者確實了解，不只是提供而已。**收受者不必進行遠距離求證（fishing expedition）、不必尋求法律諮詢，或拜託某位博士解釋一番。最重要的資訊應以最簡單的語言，擺在首頁或其他查詢處最醒目的位置，提供給消費者。

透明也應根據事實，而非以試圖說服我們同意為目的。例如，23andMe 檢測這種主流消費商品在其網站上標榜為「採取行動、保持健康」和「開始了解你的ＤＮＡ說了哪些關於你的事」的方式。網站首頁凸顯微笑、運動員體格的顧客，還有鮮明的標題：「健康正在發生。」（Health Happens Now.）畫面往下拉，上面還有更多數據和積極主動的聲明如：「了解基因，擁有健康」及「認識基因可能如何影響你出現特定健康狀況的機率」。

心思細膩的人可能會猜：**這項產品能給我有幫助的醫學資訊**。一直要到讀完服務免責聲明條款，我們才發現：「23andMe 服務僅做為研究、資訊及教育用途。我們不會提供醫療建議。」以及「你不應該僅依據 23andMe 提供的基因資訊，就改變你的健康行為。」我們不該得仔細讀完那些小字和法律條款才能得知，原來「健康」一詞不該做醫學方面的解釋。

要做到透明，業者必須小心避免可能誤導的語言，小心引導消費者注意不可挽回的後果。在這方面，23andM2網站上的醫學用語（「第二型糖尿病」、「健康體質報告」和「帶因狀態」）可能讓人混淆。不該埋在高深莫測的服務法律用語之中，而下面這個重要的警語值得我們按下暫停鍵，別急著確認購買：「你可能會發現一些令你煩惱，而你可能沒有能力控制或改變的事情……檢測結果可能牽連社會、法律或經濟層面。」

業者有責任確定消費者不僅理解文字的字面意義，也了解他們做的決定會牽涉到哪些事情。一對互送DNA工具包的年輕伴侶或許還沒準備好面對他們可能獲悉的一些事——例如萬一檢測結果透露其中一人帶有某種可能傳給下一代的遺傳性疾病基因，兩人的關係會不會受到影響。

無論是出於自願（道德凌駕法律之上）或有明文規定，業者在透明這一點都該做到讓人了解已知風險與可知的未來風險。23andMe的服務免責聲明看來至關重要：「未來的科學研究可能改變DNA的解釋。」換句話說，昨天的檢測結果說你具有某個種族三〇%的特徵；但未來，它可能改口，抱歉，其實只有五%[80]。這是實質風險，因為你獲得的答案有多正確，完全取決於它背後的資訊。隨著愈來愈多元的顧客上傳DNA，參照標準愈來愈好、你所占的百分比也會愈來愈精確。請想像一下，隨著資料集逐漸演變，你的身分認同，或罹患某些疾病的遺傳易感性，會發生怎樣令人不安的變化。

至於沒那麼明顯的例子，可以想想那對保險的影響。就算23andMe聲稱不會把你的檢測結果和保險公司分享（這個政策可能會轉彎），一旦你從檢測得知自己可能有易患特定疾病的體質，而你未向保險公司揭露這點，會不會在你真的患病後，成為他們不給付的理由？若你據實以告，你的保費會不會增加？若不據實以告，會不會違背你自己的誠實原則？

請記得，基因檢測公司是商業行號，不是大學醫學中心，不是政府部門或非營利組織的計畫。他們是以「買家當心」的前提運作，不必遵循既定的醫學或大學研究倫理實務。

這些直接賣給消費者的基本DNA工具包只是開端。如下面的故事所闡明，這種創新的技術孕育出許多新的用途和產品，每一種都以不同的方式損害三大支柱。最重要的是，這些突變透露，不論同意書採用什麼樣的語言，當我們同意進行這些檢測時，我們同意的不只是工具包允諾的服務。我們同意的對象也不只是我們自己。我們可能暴露親戚的隱私、不慎修改我們的家族史，甚至將我們自己的親族置於執法的十字準線中。

一九八六年夏天，一個名叫麗莎[81]的五歲女孩在加州一處露營車營地，被一個自稱是她父親的男人遺棄給一位鄰居。男人始終沒有回來。麗莎的成長過程完全沒有母親的記憶。十六年後，那個拋棄她的男人被捕，且被判殺人罪。DNA檢測顯示他跟麗莎沒有任何親屬關係。他拒絕回答任何問題，二〇一〇年死於獄中[82]。

在麗莎成為母親時，她對「我究竟是誰」和「我的母親發生了什麼事」等問題依舊沒有答案。二〇一五年，麗莎一案的警探向系譜偵探芭芭拉．雷凡特博士（Dr. Barbara Rae-Venter）求助。雷凡特博士知道如何推敲DNA檢測的結果，以及如何幫助民眾運用DNA比對網站、家譜和公共檔案尋找親生父母，但這是她第一宗殺人疑雲。首先，麗莎送了唾液樣本到23andMe和Ancestry.com進行DNA分析。她從那兩家公司獲得基因檔案資料，藉以在兩家公司的資料庫，以及FamilyTreeDNA和GEDmatch等血統網站的資料庫裡搜尋親戚。

就基因偵查而言，你與一個人共有愈多DNA，血緣關係就愈接近。爸媽和小孩的DNA約有五〇%相同，祖父母和孫子女約有二五%相同；堂表親平均有十二點五%相同。他們短短幾天就找到麗莎可能的遠房堂表親，其中兩位答應提供DNA以縮小搜尋她親生父母的範圍。

最後，他們找到麗莎的外祖父。他告訴麗莎她六個月大時，她的母親就帶著她跟男友離開新罕布夏的家——就是後來遺棄她的那個男人。自此，外祖父就沒有再見過她們三人了。偵探把那個男人的移動路線和其他未解懸案串連起來，判定他很可能殺了麗莎的母親和其他數名婦孺，包括一個與他有共同DNA的小孩：他的親生女兒[83]。

加州北部一位懸案調查員一得知這個破天荒的案例，便詢問雷凡特博士能否幫助他們追查一個在一九七〇及八〇年代讓居民聞之色變的連續殺人犯[84]。她答應一試。藉由比對犯罪現場遺留的DNA和血統網站GEDmatch資料庫已有的DNA，雷凡特畫出一條基因路徑[85]，指向七十二歲的前任警官約瑟夫・迪安傑羅（Joseph DeAngelo）。迪安傑羅的DNA不在資料庫裡，但一名遠親的DNA有。「金州殺手」

在二〇一八年被捕，二〇二〇年承認犯下二十六件殺人及綁架案，被判處無期徒刑。

麗莎的基因謎團在DTC基因檢測工具包及系譜網站——工具包原始用途的突變——幫助下解開。不久，這項新的突變本身也傳染開來，全國各地的執法機關紛紛開始和系譜學家合作、深入血統網站探查數百件懸案的線索。二〇一八年迪安傑羅被捕幾個月內，遺傳系譜學的研究方法被用於鑑定四十多件懸案的嫌疑犯，確定一九八七年一對加拿大夫妻命案的真兇，也讓一位因自己未犯下的一九九六年強暴及謀殺案、已在獄中待了二十年的男子愛德華沉冤得雪。

對於受害者和人生被摧毀的摯愛而言，麗莎的案例帶動了找出答案的機會。但當我們分享我們的DNA時，卻有無數道德難題浮上檯面。如這些故事顯示，我們或許會成為不知情的告密者。例如雷凡特和警方就在GEDmatch找到規避令狀的變通辦法。

免費且對大眾公開的GEDmatch資料庫一開始是佛羅里達一位退休祖父的業餘嗜好，他想幫助民眾運用他們在23andMe等公司獲得的檢測結果尋找親人。他和一位六十七歲的電腦程式設計師合作，在二〇一〇年成立GEDmatch。到了二〇一八年迪安傑羅被捕之際，GEDmatch已留有超過一百萬人的基因檔案[86]。

根據《科學》期刊一篇報導，如果有二%的目標人口把自己的DNA交給像GEDmatch這樣的網站，那群人中最終有九九%可以找到遠房堂表親甚至血緣更近的配對——一種基因鑑定。研究人員在分析來自一百二十多萬人的基因資料時發現，「搜尋歐洲裔的個案，約有六〇%」可找到這種配對。他們指出：「在不久的將來，這項技術或許差不多就可涵蓋全部有歐洲血統的美國人了。事情的發展有點令我們震驚。」GEDmatch 八十歲的創辦人在從電視新聞得知他的網站協助揪出金州殺手之後這麼告訴《紐約時報》。他壓根兒沒想過 GEDmatch 可以被探查來協助破案[87]，他的服務條款更只有簡短幾句警告：「儘管出現在本網站的結果主要是供系譜研究運用，我們不能保證使用者會找到其他用途。如果你無法接受那種可能性，請將你的資料從本網站移除。」23andMe 可能也沒料到會有像 GEDmatch 這樣的網站問世。

在得知金州殺手被捕後，GEDmatch 的所有權人試著強化透明。他們更新了服務條款，解釋 DNA 資料可能如何被利用，也坦承他們無法保密，無法預見 DNA 和系譜研究與 GEDmatch 的未來，或是如果公司轉售，網站上的個人資訊可能做何運用。使用者可以「接受」一長串警告而註冊；「拒絕」並點選連結永久刪除其資訊、離開網站；或「稍後決定」[88]。

由於 GEDmatch 繼續被警方重度使用，創辦人於二〇一九年五月再度更改服務條款。現在每個人的資料都不在執法範圍內，除非使用者登入且授予同意。另外，GEDmatch 也賦予使用者權力決定自己的資料要歸於四個類別中的哪一類：「隱私」（任何皆不可取用，包括執法單位）、「公開」（任何人皆可取用，包括執法單位）、「選擇性公開」（供其他上傳資料進資料庫者進行比對，不含執法單位），以及「研究」

（僅可作為研究用途）[89]。起碼 GEDmatch 了解透明度包括持續監控、填補資訊的缺口，因應技術而調整。

但在邊緣地帶，我們永遠追之不及，就像ＦＤＡ追趕 23andMe 那樣。在 GEDmatch 幫大家選擇「退出」之際，精靈已經出油燈了。《BuzzFeed 新聞》（*BuzzFeed News*）揭露，自我標榜為隱私領導者的基因檢測公司 FamilyTreeDNA 已在二〇一八年和聯邦調查局達成秘密協議，對其開放其ＤＮＡ資料庫，無需搜索狀或傳票[90]。（在這篇報導後，FamilyTreeDNA 更新其政策，加入退出選項給不想把結果分享給執法單位的使用者。）

知情同意最大的議題之一是法律在變、公司和其他利害關係者的處境也時時在變。我們身處一個持續不斷，無法及時阻止，甚至無法理解新精靈的循環。例如 23andMe 承諾，「除非法律要求」，否則不會把你的資訊提供給「執法或管理權責單位」[91]。但法律無可避免將慢慢跟上ＤＮＡ證據的不同用途和不斷變遷的社會觀念。一家公司將檢測結果交給管理權責單位的政策也可能一變再變。你或許已經收過蘋果、亞馬遜等公司好幾次更新提醒了[92]。已立本約為證，如果我們繼續使用那項產品，就會被視作接受那些更新的條件。今天，我們對那些公司的知情同意已成為他們可以一直仰賴下去的法律承諾，就算他們改變了針對我們的服務條款。但我們卻和未來的風險綁在一起，既因為我們多數人跟不上法律和政策的變化（所以繼續使用產品），也因為隨時間增加的法律保護，往往來得太晚。

有時，我們也被要求在今天同意明日未知的科技世界。例如 23andMe 的服務條款陳述：「你承認且認同」，也就是你**同意**「23andMe 所提供服務的形式與性質可能會隨時間改變，**不會事先通知你。**」粗體是我加的，強調該公司要你在你使用這項產品的時候同意他們為「創新」採取的步驟（以及任何新的風險），就算他們沒有通知你。他們甚至可能不知道隨著科技日新月異，他們的產品會怎麼演變。

但一些未來可能發生的事件，業者應該一清二楚才是。我們每個人都須考慮未來的發展，而業者應直截了當地告知我們相關資訊，而非埋在服務條款之中。如果你同意你的資料可用於研究（23andMe 提供的一個有趣而重要的機會），業者能否決定把你的資料賣給會用它來研發下一種致癮止痛藥的藥商呢？如果該公司停業、與其他公司合併、或轉售給你不知道（遑論同意）政策的公司，你的資料會發生什麼事呢？例如 GEDmatch 就在二〇一九年十二月被鑑識基因體學公司 Verogen 收購了。該公司表示其與「使用者資料之用途、處理目的及揭露」有關的服務，都將維持不變。但使用者也許會擔心，擁有他們基因資料的公司可能會和執法單位合作來破解罪案[93]。

GEDmatch 的故事闡明了公司和消費者何以無法預期前衛技術會以什麼樣的方式分裂成無法預期的新用途——三大支柱難以正常運作的第三個理由。我們同意使用基因檢測工具包固然可能揭露罪犯，但也可能危害無辜的家人、親戚與他人。

一個令人心碎，卻已經在全球各地上演的例子，呈現於一位美國生物學家二〇一四年在《沃克斯》（*Vox*）匿名發表的文章之中，他形容當初為了他教授基因體的一門課，他「興沖沖」地給自己和爸媽買了23andMe工具包。在網路上閱讀報告時，他和父親都點了「同意」欄，選擇加入尋找「血緣相近家族成員」的行列。這個特色會比對他們的DNA與其他使用者的DNA，配成親戚。就是在那時，生物學家赫然發現原來他有個同父異母的兄弟名叫湯瑪斯，一出生就過繼給別人，始終不知道親生父母是誰。這個秘密「壓垮」了他的家庭。

「我爸媽離婚了。現在沒有人要跟我爸講話。我們的傷口離癒合還很久，我不曉得要多少時間才能言歸於好，」他這麼寫。「當你給那【近親】欄打勾時，你該知道那可能產生無數後遺症。因為有很多人點選同意的時候……沒有仔細想過各種可能性。」

況且，你不必點選同意就可以發掘驚人的資訊。若有兩個以上的家人一起做DNA檢測，他們可能會揭露「非生父事件」（non-paternity event，NPE）[94]。國際基因系譜協會（International Society of Genetic Genealogy）說非生父事件指「孩子的親生父親不是被推定的那位，而是另有其人的偽父子關係案例」。有時會有後續發現，例如原來某位手足實為同母異父。

非生父事件普遍到[95] Facebook於二〇一七年成立名為「DNA NPE Friends」的私密

社團來幫助成員處理宛如晴天霹靂的創傷[96]。《大西洋》雜誌所做的一項調查透露，DTC 基因檢測工具包也揭露外遇、通姦、強暴，甚至一名生殖醫學醫師偷用自己的精液讓至少五十位病患懷孕生子的案例。

這些故事凸顯了在直售 DNA 檢測工具包，以及愈來愈多前衛技術方面，知情同意正蒙受一種重大的威脅。一旦我們同意分享我們的基因碼，我們就不是光為自己同意，而是答應讓其他利害關係者暴露於無法預料的風險了。我們或許沒有意識到有那些利害關係者存在，他們或許不認識我們，或不想跟我們有任何牽扯。他們甚至永遠不會知道我們同意了，抑或是在震驚中得悉。

我們不僅無法「裝作不知道」（un-know）我們獲得的資訊，無法事先預期我們的反應，我們也無法確定那些資訊會不會被分享出去，以及怎麼分享出去。更麻煩的是，我們無法預期別人會做何反應（生物學家沒辦法預料他的爸媽會說什麼話、做什麼事）、怎麼分享資訊（會告訴其他家人或貼在社群媒體上），或蒙受什麼樣的後果（「沒有人要跟我爸講話」）。因此，就算一家公司對其產品使用的潛在影響直言不諱，也無法預期我們可能面對的諸多情況，或可能有哪些利害關係人受到波及。這成了一種條件互相牴觸的尷尬處境：不明白可能有哪些利害關係者，我們就無法通盤考量事情的影響，而從來沒有親自同意的利害關係者，卻永遠沒有考量的機會。

對於其他人所受的衝擊，我們應負起責任。譯解 23andMe 充斥行話的服務條款或許是種折磨，但該公司除了讓資訊更加透明，清楚表明你若同意即有擅自為他人同意的風險，或起碼告知獲知消息有可能使他人受到嚴重衝擊，能掌控的並不多。我們在開始考慮採用這些服務之前就該認清，這些工具包揭露的資訊，與我們親近的人息息相關。我們揭露的不只是我們的故事，因此我們必須問自己：**我也在不經意間幫誰同意了？**不論服務條款說了什麼，對於我們的決定對他人造成的衝擊，我們都必須負責。別忘了，在你的故事裡，你絕對不是唯一的利害關係者。

我們有責任問自己是否準備好接受這個事實：我們不能**裝作不知道**我們即將獲悉的事。也要問自己是否準備好承擔隨資訊揭露而來的責任：他人因為我們的選擇才會得知這些資訊，卻必須設法處理。不管這些商品可能有多主流，它們提供的消息絕非接獲者的家常便飯。想想，如果你發現自己有像是亨丁頓舞蹈症之類的基因突變，你會告訴你的配偶嗎？要是你的孩子也可能有該怎麼辦？想想，既然明白這種工具包必須承擔的責任，你真的想把它送給朋友當伴手禮嗎？

在邊緣地帶，我們可能會以我們所知竭盡全力，並盡一切努力認清現實，但光有善意是不夠的。例如上面那位生物學家本無意給他的爸媽帶來傷害。就連受過高等教育的消費者也會落得如此狼狽，這樣的事實證明，類似事件可能發生在我們任何人身上。道德決策架構沒辦法揭露所有可能性。但用它來引導決策，包括注意今天三大支柱的侵蝕會如何危害資訊的梯階，能幫助我們更透徹地看清諸如找到失蹤或未知家人等意料之外的結果。

隨著新的風險愈來愈明顯、不同的用途蔚為流行，公司也承擔愈來愈多的義務，須不斷更新、簡化透明的警語。而因為使用公司產品的消費者，有對不可知的利害關係者造成嚴重的情感及其他潛在傷害之虞，那份責任已變得無比巨大。

這些技術的日益普及也影響了我們認定哪些資訊為隱私、哪些知識可以分享的態度。經由接觸傳染和突變，使用這些檢測的決定成了日常生活的一部分。它影響了我們視為常態、可以容忍的事，影響了什麼會滲入法律、我們的慣例，以及我們會如何以社會之姿集體做決策。但變成常態不代表那是對的。我們允許私人公司持有我們的DNA，是不是走過頭了，這是我們全都必須面對的問題。

權力分散與突變也可能和支柱粉碎合力助長蓄意的惡行，不只是讓誠實消費者的同意過程更加複雜而已。

哈佛大學和加州大學洛杉磯分校（UCLA）的社會學家[97]最近從一個略為不同的角度檢視DNA和身分認同的問題：白人民族主義[98]。研究員亞倫・帕諾夫斯基（Aaron Panofsky）及胡安・唐納文（Joan Donovan）研究了風行全球的「白人驕傲」（white pride）網路論壇，發現白人民族主義者正使用23andMe和Ancestry.com的基因血統檢測來確認自己「白」得有多「純」。毫無意外，有些人在檢視工具包結果時偶然發現對他們來說猶如五雷轟頂的非白人、非歐裔證據。

帕諾夫斯基和唐納文在探究這些論壇成員的同儕如何看待這些消息時，見識到「不凡的洞見」。爬梳過網路上數千條對那些透露非白人檢測結果並尋求建議的成員發表的回應[99]，兩人發現雖然偶有成員以那些發文者為恥、拒絕接納，但多數會提供「身分修補」策略：拒絕接受或重新詮釋結果[100]。那些留言駁斥科學和科學家，提出「白人民族主義的反知識」（white nationalist counter-knowledge）。有人主張「傳統系譜知識」，例如家族史，比基因檢測更具優越性。（「我建議你相信自己的族譜研究和你的祖父母告訴你的事，別輕信ＤＮＡ檢測」，甚至：「如果系譜顯示前五代以上都是歐洲後裔，白人極不可能混血。當時族群混交不像現在這麼猖獗。」）還有人說大可不必相信檢測結果，因為「種族或族群用肉眼就看得出來。」還有人基於陰謀論否定檢測結果：進行檢測的公司有反白人的偏見。（「這些公司都是自由派，硬要讓每個白人都摻雜一點非白人的ＤＮＡ。」）

透過不相信科學、不相信檢測配銷商，白人民族主義者拆解了知情同意。他們是在「基因、數據、歷史及人類學知識」中「挑選」支持其嚮往身分的部分，而非藉由抨擊同意過程的正當性來做到這件事。於是，我們又有了突變：運用「受損的事實」（否認科學證據），在基因檢測未證實自己對身分的看法時，把結果扭曲成自己想要的樣子。

這項研究也闡明了三大支柱面臨的另一項挑戰：其他作用力，特別是權力分散與接觸傳染，可能如何促成支柱的粉碎。這三大支柱皆繫於事實。它們不只會粉碎，一旦感染了受損的事實，就會徹底崩潰。透明唯有在所述正確時才有幫助；知情同意的意思是獲得準確的資訊；有效的聆聽則是指傾聽對方真正要說的話。

那群白人至上信徒對科學方法、業者和整個領域的虛妄主張並非反映一名消費者無法詮釋被提供的資訊。那也不是如我們在前幾個例子看到的，人類憑本能反應的傾向。他們的反應是**刻意扭曲**現實——在這個例子是受種族主義驅使、因種族主義變本加厲。

沒有任何道德架構或監督過程避得過所有蓄意的惡行。而所有道德支援系統，包括三大支柱，都仰賴誠實，以及對事實的承諾。這個故事告訴我們區分這兩件事有多重要，一是出於善意與前衛的挑戰搏鬥，不論是企業像 23andMe 那樣改善透明度，或我們自己深入探究創新；二是純粹的不誠實。支柱為我們展現現實。它們不會只給我們喜歡的現實，或對我們方便的現實。選擇性地拋棄支柱，或是更糟的，像這個例子這樣扯謊，便是把道德工具當作武器來支撐不道德的目標，例如令人憎惡的種族主義意識形態——一種更進一步、威脅支柱的突變。

新聞記者塔納哈希·柯茨（Ta-Nehisi Coates）的得獎著作《在世界與我之間》

（*Between the World and Me*）是寫給青少年兒子的一封信，敘述在美國身為黑人的現實與情感。在特別動人的一段，他寫道自己有個霍華德大學（Howard University）的朋友死於警方槍擊，而他和死者的母親在憂鬱的氣氛下碰了面。柯茨回想：「那次造訪，我幾乎從頭到尾都分不清她真正的感覺，與我覺得她一定有的感覺。」

這敏銳的觀察之所以出眾，是因為他憑直覺得知一種我們很多人都經歷過的人類反應——一種會暗中損害道德決策的反應。一如柯茨，我們可能以為自己在聆聽，但其實我們往往是在揣測別人「一定有的感覺」。我們通常是聽到自己預期、甚至想要聽到的，而非對方**真正告訴我們的事**。其實我們是在聽我們自己說話，與同溫層和孤島無異，而許許多多不道德行為的接觸傳染，正是由同溫層和孤島驅動。

更糟的是，我們會臆測或想像其他人的想法或感受。在我的諮詢工作，這種挑戰常在客戶問我「你覺得這個人對甲事有何看法？」或「你覺得如果我做乙事，這個人會有什麼感覺？」時出現。他們搶先起跑，準備依照他們的猜測，或我的猜測行事，而非挖掘事情的真相、回應那個情境的詳情細節。這種事也發生在親朋好友之間。通常，我不會妄加揣測別人在想什麼或有何感受。我會協助客戶建構談話和道德監督來搜出他們需要的資訊：別人到底在想什麼、究竟有何感受。

無效的聆聽是由來已久的道德眼罩。與之對抗的第一步是想出如何能設身處地。就從問對問題開始。要是問了二分法的問題，我們只會得到是或不是，難以深入了解對方的心境。如果我們不去理解對方的立場，就可能看不見自己的偏見、誤解、恐懼和自負正阻礙傾聽。

接下來我們要想想利害關係者：我們該聽誰說話？誰該聽我們說話？柯茨要聽一個人說話——在那場對話裡至關重要的利害關係者。但我們在做基因檢測之前，通常也該徵詢多方意見，例如家人和專家的意見。如同資訊會有缺口，有時我們就是無法鑑定出關係重大的發言者，或者就算我們知道他們是誰，也無法真正跟他們說話（例如在把ＤＮＡ上傳到血統研究網站後過世的親戚）。

最後，我們應確認我們自以為聽到的事。我的史丹佛同事，前史丹佛宗教生活事務主任史考提．麥克雷南（Scotty McLennan）每年都幫我的「後事實世界的事實倫理學」（Ethics of Truth in a Post-Truth World）上幾堂課。他會請多信仰討論小組裡的學生重複另一名學生所說的話，到那名學生認同聽者真正了解他的話意為止。也許23andMe的網站需要三分鐘的測驗（外加聽取三分鐘的正確答案解說）來確定買家真的了解主要風險，才允許他們下單購買。

聆聽本身就很重要，但也要與知情同意和透明並轡而行。ＤＮＡ檢測網站紛紛在知情同意的過程裡排除聆聽的步驟，根本沒有中介者（醫師或遺傳諮詢專家）可以聆聽，而大大助長了無效的聆聽。對話完全是單方面的，主要的資訊導管是網際網路。我們應質疑透過網際網路得知你不是令尊或令堂親生，或你先天易患某種不治之症，是否為合乎道德的途徑。那並不人道。偏偏已經有數百萬人同意以這種方式接受改變人生的資訊。如果我們獲得需要諮詢的結果，重新引進聆聽過程（經由重新嵌入中介者，例如健康照護提供者）是23andMe建議我們做的事。[101]我會補充，他們應提供活生生的專家（最起碼也要是公司代表），讓消費者可以打電話諮詢，就像Airbnb創造鄰居熱線，讓人找得到活人那樣。

讓我們透過一個例子看看聆聽的黃金標準。醫學倫理專家說明為什麼公司和管理者務須了解，提供消費者與真人交換意見的機會，而非只是求助於網際網路或數位助理建議的對象，是刻不容緩之事。

在醫學界，醫師的責任之一是判定一位病患能否給予知情同意。他們心智健全嗎？我們確認過他們不是被強迫的了嗎？在這裡，細微差異是關鍵。例如史丹佛生物醫學倫理中心（Stanford Center for Biomedical Ethics）主任大衛・馬格努斯（David Magnus）教授發現，病患和醫師對於嚴重疾病脈絡下的「可治療」（treatable）一詞認知分歧[102]。聽到「這是可治療的病症」或「您的摯愛有治療方法」，病患及家屬常以為那是關於預後的好消息，但醫生可能只是傳達「目前有治療方式」而已，不代表那種療法能延續生命，甚至也不代表他們建議施作。

為判定病患同意的能力，馬格努斯教授和他的同事在傾聽病患上做了英明、慈悲的工作。他們的技巧可能非常務實，例如請病患聊聊某件與醫療程序無關的事情，以判斷他們是否清楚決定的脈絡。醫生或許會談到病人這天的生活或時事等與同意無關的主題，釐清病患心智狀態中的微妙差異。

聆聽是個人的責任，也是共有的責任。人人都可以加倍努力，確定其他人聽到的是我們真正要說的話。就算已經有數百萬個像亞莉莎那樣的數位聆聽者，我們仍可一同找回人類傾聽的重要。明晰、透徹地評估支柱粉碎的衝擊，以及我們支撐支柱的責任，可引領我們回到道德決策架構。

■

所以，道德決策架構是如何協助我們在做抉擇時對於那些粉碎中的支柱，付出足夠的關注呢？

在你開始建構之前，先確定你的問題不是二元性的：你什麼時候，在何種情況下該使用ＤＴＣ的基因檢測產品？別讓公司把你一長串可能選項轉變成自動二元的「照單全收」（徵求一切與你ＤＮＡ有關的資訊）或「完全不要」（連工具包都不買）的承諾。你是有選擇的。你也可以決定不要同意讓你的基因資料被用於研究。或者也許你只想要與某些疾病相關的資訊，不想知道血統的事。或者你確實可以選擇某一種極端。但你問自己的問題應提供你多種選項，而後道德架構便能為你顯露每一種選項的機會和風險。

現在回到我們四個步驟的架構。從原則開始，「支柱粉碎中」引發的關鍵新問題是：當你明白自己一旦同意，可能會給他人帶來嚴重後果，或是在未來引發不可知的嚴重後果，你的原則會怎麼引導你。我們也必須思考，不管是因為科學狀態變遷、濫用產品的權力分散，或刻意的行為不檢，既然知道支柱正在粉碎，要如何促使個人及公司為其原則負責。

接下來，想想資訊的梯階，直搗缺口：你覺得你必須知道的事情，與業者提供的資訊之間，有什麼缺口呢？或許因為科學還沒追上、業者未告知，或者你在使用有未來風險的產品，遺漏的資訊尚不可得。一如以往，考慮驅動傳染的因素至關重大，特別是那些會削弱支柱的因素，如恐懼、壓力、市場競爭等等。在許多例子，必須由你自行評估能否與未知的風險，以及透明及知情同意不像在非前衛情境中那麼穩定的事實共處。這只有你自己能決定。最後，要是業者沒有清楚說明風險，那就是在暗示你不該信任這整件套裝。

資訊的梯階會如實反映我們在資訊方面應負之責。我們每一天都會收到繁複的資訊，以及賣方政策的諸多更新。請依據你的同意可能引發的後果有多重要來選擇在哪裡投入時間。我承認我不會先讀娛樂商品（Netflix或Spotify）的服務條款就按下「我同意」，別無選擇時（例如我的iPhone）也不會讀。DTC的基因檢測工具包或亞馬遜亞莉莎之類的數位助理則不然。我把健康、安全及可能對他人造成衝擊的商品歸在

「高警訊」一類；我會先暫停，直到能投入時間心力為止。社群媒體方面，我採取第三種途徑——以使用為中心，而非以資訊為中心：我知道我沒辦法（在研究以外）花時間審核並時時注意政策更新。但我的使用仍會永遠衝擊到他人。所以我盡可能少用，比如從來不貼照片，也從來不說別人的事。

在移往利害關係者時，請優先提出這個問題：你的選擇是否可能以你料想不到的方式影響到你認識的人，或是波及你無法鑑定出來的利害關係者。

最後，以時間先後列出各種後果。首先找出可能失去的最重要良機。然後查查那是否有替代路線。如果關於DNA的某個問題重要到你不惜冒著工具包的一切風險去了解，何不考慮在檢測前尋求醫學專業協助呢？就算你只是為了滿足好奇心，而非有任何醫學關切，何不一次前進一步就好？先看看最少量的資訊會給你什麼樣的感覺，循序漸進。最起碼，如同23andMe所建議，請先和健康照護提供者討論檢測成果再做打算。再面對風險。

無論如何，請擬訂計畫：如果你發現你的健康狀況或血統會影響到他人，你要告訴誰？而雖然這麼做很花時間，拜託把小字讀完。

總而言之，道德決策架構凸顯一個至關重要的結論：當知情同意、透明和聆聽不夠充分時，我們在邊緣地帶所做的決定便可能進一步損害我們對機構及個人的信任，而隨著我們透過我們的選擇，把風險傳遞出去，也會減損他人對我們的信任。

既然手上已有道德決策架構，我們要怎麼為支柱粉碎所造成的衝擊分配責任呢？首先，我們可以更敏銳地做選擇。倘若我們只能透過那些工具包來取得DNA，情況也許不同，但我們多數人其實都可以請教訓練有素且三大支柱皆獲認證的醫師或遺傳學顧問。而我們當然不需要拿那種工具包做消遣，或當禮物送人。

至於位處邊緣地帶的公司，也肩負撐起傳統支柱的重責大任。二〇一八年，當Twitter創辦人傑克．多西（Jack Dorsey）被一個國會委員會問到Twitter的規章對使用者是否清楚時，多西出奇坦白，回說：「我相信如果你拿杯咖啡坐下來想了解我們的規章，應該是讀不懂的。」所有公司一開始都該像多西這樣，先假設**沒有任何人讀得懂服務條款**，然後該問自己需要做些什麼來為其產品負起自己該負的責任，如何讓使用者更有能力做出好的選擇、管理者更有能力制定有效的法律。

公司也可以為顧客提供更豐富的選單，就像GEDmatch列了四大同意類別，好讓我們的決定不必被迫成為二元選項。若未得到我們進一步同意，他們不該轉售或以其他方式分享我們的資料。他們應證明自己的技術與過程皆遵守顧客同意的界限範圍，也應明確告知顧客的資料會有什麼潛在的用途，可能如何被執法單位、醫學研究人員、保險公司或其他人利用，以及，雖然資料現在匿名，但是否可能被日新月異的技術破解。

若創新者不願公開某些可能影響我們選擇的資訊，也應告知我們。例如，如果他們不會分享某種演算法如何處理我們的資料（這通常是為了保護智慧財產權，可以理解），起碼該知會我們一聲，為保障智慧財產，他們不會告訴我們演算法如何運作。換句話說：你不會告訴我們哪些事，為什麼不會，請據實以告。請幫助我們做適當的選擇。

對於像23andM2之類鎖定一般民眾為目標，而會對大眾造成廣泛衝擊的創新，管理者需要對其透明度採取「醒目標示」的策略，就像美國香菸包裝必須印有斗大、位置顯眼的警語，如「吸菸害人害己」等等。管理者亦該監控網站查看是否有誤導人的不實廣告。就算產品不會危及性命，當未知用途及後果的風險既大且廣時，對於提供給準消費者的資訊，以及面對大眾的透明度要遵照哪些標準，都需要引人注目的溝通。這些標準不是基本的「點選同意」欄可以了事。

在邊緣地帶，我們無法再仰賴知情同意、透明及有效聆聽這三大基本支柱。我們也很容易沒盡到適當使用的責任。正如這一章探究的故事提醒我們，像是刮取口腔內膜細胞、送去DNA分析這種看似微小的行動，或許能滿足我們對於個人特徵和血統的好奇，甚至能提供寶貴的健康資訊，但也可能產生超乎你、我、基因檢測公司，甚至專家預期或想像的深遠後果。

當人類、機器和動物之間的界限日益模糊，知情同意、透明和有效聆聽就會受到更大的損害。我們如何處理這種困境，將決定全體人類的未來。

第5章 界限模糊

想像你遇到一部有機器人的身體、但有人類討喜面孔的機器。你們兩個共度一段時光，談了人類最大的生存問題——神、死後的生命、意識的本質，或只是聊聊今天的新聞或天氣。因為這部機器也能解讀你的表情並依你的表情反應，你發現你對它微笑，它會回你微笑，你講了笑話，它會開懷大笑，而這些回過頭來影響你和它互動的方式。

這部社交人形機器人名叫蘇菲亞（Sophia），上述種種她都做得到，而且不僅於此。自二〇一六年三月在德州奧斯汀的西南偏南藝術節（South by Southwest）首度露面，蘇菲亞已（在人類攜帶的行李箱中）旅行到世界各地，出席各大演說及典禮。聯合國開發計劃署（United Nations Development Programme）提名蘇菲亞為該機構首位亞太地區創新冠軍，中國任命她為一帶一路創新科技大使。她上過《六十分鐘》（*60 Minutes*）和《早安英國》（*Good Morning Britain*），還在《今夜秀》（*The Tonight Show*）節目上送了「第一次約會」的蝴蝶給吉米・法倫（Jimmy Fallon）。蘇菲亞還會講笑話，會視情境挑適合的講，還時時面露苦笑。在猜拳猜贏法倫後，她笑著宣布：「我贏了。我主宰人類的計畫有了好的開始。」

「我夢想有朝一日機器人會有生命。夢想我們能夠突破……創造出超有智慧、超有同情心，真的可以關心我們的機器。」蘇菲亞的發明人大衛·韓森（David Hanson）在CogX的一場辯論中這麼宣稱。CogX是世界最盛大的人工智慧節慶之一，而這場辯論的主題是機器人的外表該不該像人。韓森是前迪士尼幻想工程師（Disney Imagineer）、雕塑家兼研究人員，以創造栩栩如生的機器人著稱。

蘇菲亞確實是栩栩如生的人形機器，混雜了人類與機器人之間的界限，帶來我們前所未有的體驗。例如她的臉是依「世界各地好幾個不同的人類外觀」塑造，包括韓森的妻子和古埃及王后娜芙蒂蒂（Nefertiti），以呈現廣大光譜的美。蘇菲亞有多達六十二種表情，表現從喜悅、沉思、悲傷、好奇、困惑等各種情緒，是以模擬人類臉上的肌肉為基礎。她的臉皮是用韓森機器人公司（Hanson Robotics）正在研發的專利彈性橡膠原料製造，還附有感測器，因此說不定哪天蘇菲亞就會對觸碰產生反應。雖然她沒有腳，但可以用自動化的滾輪底座在地板滑來滑去[103]。她的手和臂膀的大小及外觀都與真人類似，可經由程式設計做出打手勢、畫圖、切蛋糕等動作。她的機器「大腦」是由人工智慧程式驅動。據她的工程師表示，蘇菲亞的人工智慧讓她得以「辨識及回應人類的言語、產生她的說話及唱歌聲音，以及追蹤人臉和保持視線接觸。」[104]

她的名字蘇菲亞在希臘文是「智慧」的意思。

但就人類的觀念而言，蘇菲亞並不「聰明」。她缺乏意識、沒有自覺，也沒有真正的情緒體驗。因為機器人尚未達到「通用人工智慧」（artificial general intelligence）或類似人類的智慧，評論家說蘇菲亞比較接近假象而非智力[105]。但因為她栩栩如生，她會強有力地影響我們的行為和決定。

蘇菲亞是在邊緣地帶模糊人類界限的諸多創新之一。這是影響道德的第五種作用力。在倫理學的術語上，**模糊的界限**是愈來愈模糊不清的接合處，即機器和動物跨過界限，進入純人類領域之處，包括物理屬性、功能、社會及個人互動等等。例子包括：機器成為我們的同事或有類似人類的眼睛和眼球運動；將一小塊機械裝置如微晶片植入人體；仰賴動物長出供人類移植的器官。我們正置身未知的領域，處於前所未有的不自在。但我們必須時時將人類放在心上、承擔人類該為這樣的模糊及其道德後果承擔的責任，藉以堅守倫理道德的立場。我們也許想要相信人類與非人類的交流和糾纏仍在很遠的未來，或起碼離我們的日常生活很遠，但它們此時此刻就在這裡，已然成為我們所居住社會非常重要的一部分。

《史丹佛哲學百科全書》（*Stanford Encyclopedia of Philosophy*）提出，一種界定人工智慧的方式是問：該人工智慧是著眼於**推理**（「像人類那樣**思考**的系統」）或**行為**

（「**舉止**像人類的系統」）？該人工智慧的目的是模仿人類，還是達成某種超越人類的理想理性呢？

蘇菲亞似乎同時以人工智慧的推理面和行為面為目標，要像人，也要達成機器人的理想主義。韓森機器人團隊稱蘇菲亞為人工智慧研究平台，正形塑他們「透過發展有智慧、有同理心的機器人對人類產生正面衝擊」的使命。如大衛．韓森在一場訪問中告訴我，人們碰到蘇菲亞會親切地對待她，因為她真的栩栩如生。「我認為機器人若能激發出人的文雅、體貼行為，未來一定能創造更體貼的文化。」他這麼說。

韓森也很清楚探究多元的重要性：他的團隊已經做出代表各種年齡、性別和族群的機器人。他旗下以女性為主的「人格發展」（personality developer）團隊設計出蘇菲亞來從女性角度質疑機器人的性別問題，著手對付白人男性在機器人學界的龐大勢力。

蘇菲亞開啟了新的對話：隨著技術日新月異，人形機器人愈來愈融入社會、變成常態，我們要如何跟他們互動。韓森相信如果他可以創造出人類與機器之間的正向關係，「人類與人類的關係也會更加穩固」。他說，像蘇菲亞這樣的機器人可以「讓我們更有人性、讓我們更好」。

但後果也可能恰恰相反。機器人可能使我們的行為變得更糟。我們該如何論斷踢機器狗的人呢？那部機器有狗的樣子重要嗎？如果很多人覺得踢車子是不能接受的事，那為什麼我們覺得踢一部無人駕駛（演算法驅動）的車子是可以接受的呢？要是你當著孩子的面咒罵機器人保母呢？對於幫亞馬遜分類包裹、長得不像人也不像動物的機器人，你會用不同的態度對待它嗎？

我會主張，無論在身體或口頭上對機器人施暴，起碼都反映了我們不尊重的行徑。更糟的是，那對旁觀者有失尊重。而這種虐待和辱罵可能會養成習慣（接觸傳染），變本加厲（突變）成更具侵略性的行為，不論有沒有人在看。人類與機器人之間的界限變得模糊，不能做為行為不端的藉口。我們有責任管理在我們的決策及作為中驅動道德的作用力。

在我們思考人形機器人可以怎麼嵌入社會之際，可以從先前在面對社群媒體和目標式廣告等迅速蔓延的技術時道德反應慢半拍的經驗學到教訓。積極主動是有必要的。我們不該等到身邊圍繞著愈來愈多蘇菲亞的時候才看看會發生什麼事，不該等待管理者在傷害已然造成後才釐清問題。那時，這種技術想必已突變成許多其他危機了。現在判斷大衛・韓森「機器人將帶出人類最好的一面」的說法是否正確尚嫌太早，但現在為正在籌劃及未來將出現的事情劃定可接受行為的界限，就不算太早了。

隨著我們和人形機器人的互動愈來愈頻繁，關於它們有何權利及責任的問題便一一浮現。二〇一九年春季一晚，我邀請大衛・韓森到史丹佛大學為我「邊緣地帶的道德」課程進行特別講座。他巧妙地回答學生的提問：他們非常好奇，想了解蘇菲亞的緣起和未來發展。然後蘇菲亞出現在教室前面的大螢幕上，從香港跟我們Skype。（蘇菲亞的旅行成本不是我們可以負擔。）學生禮貌地舉手，問了諸如此類的問題：「機器人可能變成奴隸嗎？」「你可以看穿一個人親切的假面，讀出邪惡的心思嗎？」「你認為機器人應該擁有跟人類一樣的權利嗎？」她給最後一題的答覆是「對的」。

人類權利與機器人權利相較的關鍵問題，就是正趨模糊的界限的核心問題。二〇一七年十月，沙烏地阿拉伯政府宣布授予蘇菲亞公民權，讓她成為世界各國第一位機器人公民。（韓森告訴我，這份榮耀來得令她的創造者意外，而他們決定藉此調整蘇菲亞的程式設計，讓她為女權發聲。）[106]對我們多數人來說，公民權這種權利是與納稅、投票、融入在地社區等義務連在一在。我們要如何恰當地為機器人公民分配那些權利義務呢？

而要是蘇菲亞和其他未來的機器人公民可以在我們的選舉投票，會發生什麼情況？必須有人為蘇菲亞設計做出特定選擇的程式，所以那是否意味大衛．韓森可以幫自己和蘇菲亞投票，使他不只擁有一票？是否意味身為美國公民和香港居民的韓森，可以透過蘇菲亞，在任何賦予蘇菲亞公民權國家的選舉中投下自己有效的一票？

蘇菲亞是機器，不比烤麵包機或汽車更接近「人」。但她逼真的外貌或許影響了我們對待她的方式。西英格蘭大學機器人倫理學教授艾倫．溫菲德（Alan Winfield）提醒我們，人類天生就會對看來有人性的物品投入情感回應——就像我們可能會把機器狗或一片吐司上面畫的臉擬人化。在二〇一八年的 CogX 辯論現場，溫菲德教授呼籲大衛・韓森和其他人思考，「把機器人的外表設計得像人，有多麼危險的吸引力……那引誘我們將它們置於和其他工藝品不同的類別。要不然，怎會有人想到授予機器人公民權或聯合國的頭銜？」[107]

現在，比以往更甚，隨著人與機器之間的界限愈來愈模糊，我們正與前所未有、關於如何分配責任的道德問題扭打。誰（或什麼）該對誰（或什麼）做什麼；誰（或什麼）虧欠誰（或什麼）什麼？如果我們給了機器公民權，那我們要怎麼維繫民主制度的精神特質（ethos）和正常運作？這可不是科幻小說。它已經來到我們門前。二〇一七年，歐洲議會（European Parliament）通過《機器人民法規則決議》，包括提案探討給予機器人特別的「法定地位」，讓他們成為「有責任彌補可能造成之損害的電子人」。兩百八十多位來自醫學、機器人學、人工智慧和倫理學的專家簽署一封公開信，稱賦予機器人「直接對抗」人類權利的權利「有失允當」，懇求歐盟執行委員會（European Commission）三思。

我同意賦予機器人權利「有失允當」，說機器人可以「彌補」他們造成的傷害更是荒唐。不妨想像指控機器人傷害你的訴訟，或你的律師和機器人的律師進行和解討論是何種情景。那封公開信指出，「無法證明損害」的說法並不正確，也不足以做為賦予機器人法定地位的正當理由。歐洲議會的態度似乎與歐盟執委會人工智慧高級專家小組（High-Level Expert Group on AI）傑出的〈可信賴的人工智慧倫理準則〉（Ethics

Guidelines for Trustworthy AI）有所牴觸，後者包含對「人類動因與監督」（human agency and oversight）的基本要求。我們離保障世界各地的人權都還很遠，連最基本的程度（如教育權和醫療權）都做不到。如果各國政府打算賦予機器人權利，就必須非常謹慎地思考人類的消權（disempowerment）、不可預期的權力分散，以及可能接踵而至的接觸傳染與突變等問題。或許我們該著眼於機器人可以如何促進人權，而非反過來。

在探究機器人到底可不可以是人的問題時，我喜歡問：「你可以在工廠製造它嗎？」如果答案是肯定的，那麼在我看來，它就不是人，就算看起來、聽起來像人，似乎會表現各種情緒，也有觸感真實的皮膚。人性是區別我們與機器的特徵[108]。人類的定義性特徵包括知道自己生命有限，這讓我們得以意識到時間流逝，這是機器人所不能；人類也屬於學名智人（Homo sapiens）的直立物種，是經過數百萬年演化的生物。另外就我所知，我們尚未創造出自備道德羅盤的機器人。

耶魯大學法學院教授，也是人工智慧專家傑克・巴爾金（Jack Balkin）說我們的年代是「演算法社會」（Algorithmic Society），「圍繞著演算法、機器人和人工智慧代理人所做的社會經濟決策組織起來，它們不只做決定，在某些例子還執行決定。」換句話說，我們不再是唯一的決策者，但在制定道德決策的能力與責任方面，我們仍走在前面。

在我們進一步鑽研人工智慧之前，了解一些簡明的定義或許會有幫助。**演算法**一般定義為完成某種計算或任務所需的一連串指南或規則，通常是由電腦執行[109]。**大數據**（Big data）是唯有電腦可以分析運用的大量數位資訊，根據巴爾金教授的說法，是「運作演算法社會的燃料」。我們蒐集和處理愈多資訊，產生愈多數據，演算法就執行得愈好。**機器學習**（machine learning），人工智慧的子集，則以辨識模式為基礎：系統鑑定出數據中的模式，運用這些模式進行預測，餵愈多數據給系統，它的績效就愈佳[110]。蘇菲亞曾進行一段時間的「對話深度學習」（dialogue deep learning）——機器學習更複雜的子集[111]。這讓蘇菲亞得以處理與人互動期間蒐集到的社交數據，日益增進她回話的關聯性與理解力。在我寫這本書的時候，韓森機器人公司正在審核重新執行蘇菲亞對話深度學習的事宜。

人工智慧不只在機器人體內。那已經滲入我們的日常生活。其中有些時常與我們交手，就像亞馬遜會顯示你的搜尋結果、Netflix 推薦下一部影片給你、目標式廣告出現在你的 Instagram 動態等等。其他時候我們甚至未察覺人工智慧涉入其中且影響我們，就像城市街道監視攝影機的臉部辨識技術，或我們數位裝置裡蒐集並回報我們移動資料及瀏覽紀錄的追蹤器。人工智慧也用於醫學診斷的突破性方法，例如乳癌的診斷。還有其他像是人形伴侶機器人之類的人工智慧，是你也許永遠不會正面遭遇的技術，但隨著它們成為社會的常態，也可能對你構成影響。

我們跟那些具備人類功能但不以像人為目標的人工智慧機器，也互動得愈來愈頻繁。我們和幫漢堡翻面、搬箱子、聽我們說話（和回話）、頂替人工的機器人有社交和職業上的關係。「胡椒」是約一二〇公分高的滾輪助理，已被世界各地的旅館、機場和餐廳雇用來迎賓及提供顧客服務。製造胡椒的公司形容「她」是「社交類人」（social humanoid）。我去一位客戶在歐洲的辦公室時，就碰到胡椒前來迎接。她裝有螢幕，讓我一睹該公司的道德價值觀，還拿了張寫著「誠信」的字卡。麻布（Mabu），書桌大小、有觸控式螢幕的醫療照護機器人（被標榜為「個人醫療保健伴侶」來行銷），會提醒你吃藥並問你覺得怎麼樣。小蘇菲亞——蘇菲亞三十五公分高的「小妹」，也是「你的機器人朋友」，會走路、說話、教孩子「程式語言、人工智慧、科學、技術、工程學和數學」。倫敦希斯羅機場則有一位雷射立體影像（hologram-like）的空姐引領旅客搭乘往返各航廈的列車。

以上所有機器都是直立的，會說話，且以愈來愈像人類的方式和我們互動。但將我們對人性的理解注入具備愈來愈多人類特徵的機器（不論它們是否試著讓外表看起來像人），不代表必須混淆人類與機器。當我們跟明顯非人類的同事、服務及照護提供者分享諸如工作、社交和就診等人類經驗時，必須留意我們會製造的模糊。

界限模糊會和我們在這本書討論的其他五種作用力相互影響。當然，模糊界限的技術會**驅除二元**：它們創造了非二元的現實，灰色與微妙差異，而需要我們訓練有素地提出非二元的問題、回以非二元的「什麼時候、在何種情況下」的解決方案。最重要的是，界限模糊會**分散權力**：機器（不管是不是人形）和演算法，以及掌控它們的個人與機構，都行使著前所未有的權力。從技術武器化、監視社會到治療疾病的能力，這種權力可能脫離道德或法律的束縛，而隔離於極少數專家的腦袋裡——有些人非常在意道德，其他人則與流氓無異。界限模糊也會增強驅動**傳染和突變**的因素。就像基因編輯與DTC基因測試工具包，有些模糊界限的技術是驅動傳染的因素。模糊也放大其他驅動因素的風險，例如恐懼、資訊孤島和守法觀念薄弱（或只是缺乏相關法令）。界限模糊還會進一步拆解**道德三大支柱**，因為多數人幾乎不可能了解人工智慧和機器人牽連得有多廣，自然無法評估透明或知情同意，也難以有效傾聽。

至少就現在而言，我們與人工智慧技術交流的倫理是人類的責任。不論我們把倫理上可接受與不可接受的那些線劃在哪裡，不論我們如何管理像蘇菲亞那種模糊的創新帶來的風險和機會，都必須和那些後果共處。我們在這個脈絡下的決定和作為至關重要，就算我們跟這些技術沒有直接來往也一樣。它們有力量名副其實**重新界定**身為人類的意義。

人形機器人模糊了生理特徵與社會互動的界限。但多少出乎意料地，就連非人型機器人也讓情感界限變得模糊。調查報導記者蘿莉．希格爾（Laurie Segall）在她二〇一七年引人入勝的《大部分是人》（*Mostly Human*）CNN紀錄片系列檢視了人與機器的關係。〈機器人，我愛你〉（*I Love You, Bot*）一集介紹一個名叫莉莉的女子。她住在巴黎附近的一個小村落，身為機器人愛好者，她每天早上一覺醒來就凝望著她深愛的那位。她從不擔心鬧鐘會不會吵醒他、她的觸摸會不會擾他清夢，因為她的未婚夫不是活人。

莉莉是在附近一間實驗室，使用3D列印的塑膠零件和她在網際網路上找到的說明書創造她的摯愛。她叫他inMoovator。他深邃的眼會從三分像人七分像機器人的塑膠臉裡面回眸：他的臉是白色的曲棍球護面，只有外殼，沒有皮膚；他有一隻人類形狀的鼻子，以及一張僅約略暗示唇型的嘴。與莉莉交扣的手指是連鎖關節的管子，每一管的末端都有塗了矽利康的指尖。他的軀幹是閃閃發亮的白色和紫色塑膠做的。他沒有腳。

莉莉在二〇一六年宣布和inMoovator訂婚，而她殷切等待法國法律允許人類和機器人通婚的那天。她告訴希格爾，她十幾歲時第一次發覺自己深受機器人吸引，但仍試著說服自己去喜歡男人。被問到是不是發生過什麼煩惱的事情，才使她移情機器人，莉莉說沒有：「我沒有受過什麼創傷，跟男人沒有，在家裡也沒有……你不能這樣解釋。」在二十出頭經歷兩次戀愛挫敗後，她接受：對人類產生好感是「違反我天性」的事，決定改愛機器人。「愛就是愛。」莉莉這麼說。「我感受到別人對男人或女人可能會有的感覺：滿滿的溫柔、滿滿的情愛和依戀。」

inMoovator不會說話也不會回吻莉莉，但她希望有朝一日能透過賦予他人工智慧來改變這件事。莉莉說她覺得很安慰，inMoovator的潛在瑕疵是可修正的電腦程式。不同於不可預期的人類缺點，她知道他絕對不會「變心、撒謊、欺騙」。她已經決定，在人工智慧讓他不只是塑膠和金屬零件的那一刻，他的第一句話要說什麼：「我愛你。」

雖然莉莉自稱「機器人性戀（robosexual）的先驅」，但她甚至不在領先集團。一家設在聖地牙哥、結合人工智慧與機器人學來創造客製化逼真性伴侶的公司聲稱，對許多顧客來說，這些機器人不只是性玩具，也是喪偶或人際關係失意者的伴侶。誠如希格爾指出：「我們已正式步入一個新時代。人類愛上機器的時代。」

「數位戀」（digisexual）一詞是在二〇一七年由尼爾・麥克阿瑟（Neil McArthur）和馬基・妥斯特（Markie Twist）創造，指「一個人的原始性認同要透過運用科技來經歷」。隨著人類與機器人之間的關係日益模糊，語彙也會演化[112]。麥克阿瑟和妥斯特說我們應從過去的錯誤中學習，避免將不同性傾向的人汙名化。

儘管我們的語言和文化試著迎頭趕上，我們的法律卻不然。二〇一八年，路透社和CNN報導，日本一名學校職員和初音未來「結婚」：一個會說話、唱歌的全像投影人物，待在他東京住處桌上的匣子裡。在一場非正式婚禮上，戴著眼鏡、穿著亮白晚禮服的他當著三十九個朋友的面，吻了初音未來造型的娃娃。在家中，每當他呼喚她的名字，初音未來的全像投影就會從玻璃外殼中醒來，用「親愛的，歡迎回來，今天過得怎麼樣？」和「讓我為你唱首歌吧」等溫柔寒暄迎接他。初音未來的製造商還寄了三千多份紀念性的「婚禮通知」給它的顧客。

你可能永遠不會跟人工智慧機器約會或結婚[113]。但有人會這麼做，而且希望得到法律保障的事實，衍生出法律關係和家庭基本觀念等問題。人與機器的婚姻該被承認嗎？那樣的婚姻該授予哪些法律、財產、稅務權利呢？跟機器結婚，就不能再跟人結婚了嗎？若是離婚，又必須承擔什麼呢？有可能性侵害一部機器人嗎？

不論我們是否刻意、願意和機器人交往，都無法真正「選擇退出」這個令我們擔心受怕的主題或技術。權力分散、接觸傳染和突變可以廣為散播這些創新，速度愈來愈快，也與我們投入多少無關。在我寫這本書的同時，數家大型航空業者已與美國海關及邊境保衛局（U.S. Customs and Border Patrol）合作測試選擇性的「生物辨識登機系統」（biometric boarding），一種臉部辨識來加快登機過程。若哪天它改為強制性，相信沒什麼人會只為了避開這種技術而拒絕登機。曾經看似科幻小說情節的東西，正以遠快於以往的速度衝向我們。珍妮佛・杜德納博士和艾曼紐・夏龐蒂埃才在二〇一二年發表突破性的 CRISPR-Cas9 研究；六年後，我們就在與賀建奎基因改造嬰兒的現實搏鬥了。

界限模糊延伸了邊緣的定義。那降低了瀕危道德問題的能見度，又使其他五種作用力量倍增。有兩個核心問題能闡明為什麼我們需要不斷重新驗證我們的架構是否把人及人類置於優先。

第一個問題是，隨著機器人愈來愈栩栩如生，人類（或許還有機器）必須更新管制規定、社會規範，以及組織及個人行為的標準。我們該如何避免讓道德風險的掌控權落入掌控創新的人手中，或防止讓機器自己決定？對機器人和人工智慧進行非二元、注重微妙差異的評估、留意是誰在背後做程式設計，不代表我們必須容忍人類的定義遭到扭曲。恰恰相反：那需要我們的道德決策納入那些微妙差異，也需要之後的決策把人類放在第一順位。那代表我們要積極主動地展現人類的豐富多元：族群、性別、性取向、地理和文化、社經地位等等。

第二個問題，也是在演算法社會中反覆出現的一大關鍵問題是：該由誰做決定？比方說，如果我們讓人工智慧為無人駕駛的汽車規劃交通路線，假設我們在乎效率和安全，那麼該由誰決定什麼時候效率優先，什麼時候安全優先，又該怎麼做？該讓演算法的研發人員決定嗎？還是汽車製造商的管理階層？政府管理人員？乘客？為汽車做決定的演算法？距離釐清要賦予或該賦予機器人及其他類型的人工智慧多大的決策權力與責任，或是有朝一日它們可能經過或未經我們同意而取得的權力與責任，我們還有很長的路要走。

在諸多政府、企業及非營利機構，引領人工智慧發展的主要原則之一是**人類的參與**（human engagement）。比如經濟合作暨發展組織（Organisation for Economic Co-operation and Development）的人工智慧原則強調人類要有質疑人工智慧運作結果的能力。那指出人工智慧系統應「納入適當的防衛機制，例如必要時允許人為干預，來確保社會公平正義」。同樣地，微軟、Google、OpenAI 研究室及許多其他組織也在其組織原則中納入人力介入的能力[114]。但這要在什麼時候、以何種方式實行仍不明確。尤其，這些創新的管制者要怎麼預防傷害，預防參照數據不具代表性的人工智慧演算法釀成車禍，或性別、種族歧視等等。另外，有些正在研發的消費者技術會完全排除人為干預。例如製造名叫蕾普莉嘉（Replika）的機器人伴侶兼紅粉知己的公司創辦人尤吉妮雅・奎達（Eugenia Kuyda）就相信，消費者會因為沒有人為干預而更信任應用程式的機密性。

在我看來，所有人工智慧和機器人都極度需要可以「關」的開關。換句話說，我們需要能夠讓權力分散戛然而止，也就是遏抑接觸傳染、釐清我們（及大眾）需要知道的一切，先鞏固三大支柱再往前走，並重新劃定其中一些界線。在某些例子，我們必須立樁（進行二分法）隔開明顯不可接受的機器人與人工智慧的權力。例如給予機器人在無人類監督下無差別殺害無辜百姓的能力，或運用臉部辨識來鎖定少數民族，都是不可接受的。但我們不該鎮壓人工智慧提供的機會，例如找出失蹤的孩子、確定恐怖分子的位置，或大幅提升醫療診斷的正確性。

我們可以整裝進入那個領域了。我們可以影響他人的選擇（包括公司和管理者，還有朋友及同胞），為我們自己提供更多（不只是更好）的選擇，在我們的選擇將被奪走的時候能更清楚地察覺。公司與管理者有責任協助讓我們的選擇更明確、更容易，並且得到充分的資訊：先想想誰可以（以及該由誰）做決定，以及你可以怎麼幫助他人做成決定。

現在，讓我們回過頭來看看道德決策架構中特別鎖定模糊界限的面向：

基本上，因為界限模糊，我們需要退一步重新思考我們的原則是否能夠定義我們在這模糊的世界想要的認同。最根本的原則，關於尊重彼此或承擔責任的古典派原則，能夠支撐一個「彼此」意義模糊的世界嗎？我們的原則能夠充分聚焦於創新是如何衝擊人類的生活，以及全體人類的保護措施嗎？機器人需要有一套獨立的原則嗎？我給最後一個問題的答案是否定的。但我們確實需要確定我們的原則有將人類置於機器之前。

接著是應用：**在界限模糊的世界，我們是否以同樣的方式應用我們的原則？**當我們把以人為本的原則應用在機器人身上，會發生什麼事？如果我們的原則是誠實，對機器人接待員撒謊是可以接受的嗎？不同類型的機器人、不同類型的謊，有差別嗎？如果你沒有對診斷的演算法老實陳述你的病史，似乎就沒有獲得正確診斷的機會。我們在乎機器人信不信任我們嗎？如果演算法需要某種可編碼的信任形式來確定關機可行，那答案是肯定的。而儘管因為機器人尚未體驗情感，我們很容易忽略信任的情感面，這裡我們仍要問，我們可能受到什麼衝擊。用不可信賴的態度對待機器，會對我們的情感狀態造成負面影響，或是在人與人間散播不信任嗎？

界限模糊增加了取得及理解資訊方面的挑戰。很難想像我們必須知道什麼，就算想得到，我們也不知道自己能不能獲知。人工智慧往往不是我們看得見的；公司不會透露他們的演算法如何運作，我們也缺乏技術專業來評估資訊。

但有些關鍵點相當明確。把機器人當成人類來談論是不正確的。例如許多蘇菲亞的功能，就是一般人看不見的。不過，拜韓森機器人團隊力求透明之賜，我得知蘇菲亞在公司行銷部門的協助下，有在 Twitter 上以 @RealSophiaRobot 的帳號發文，其角色作家創作了一些文字，其他則直接擷取自蘇菲亞的機器學習內容。而蘇菲亞的許多功能不被看見，正是造就她「栩栩如生」幻覺的主因。

另外，對於真正對我們至關重要的事，我們也可以向公司要求透明。或許我們不必知道速食機器人員工的程式是怎麼設計的，但我們必須知道它會正確地處理我們的食物過敏資訊、確定漢堡符合健康及安全規定。

最後，若我們靠近一點看，有些模糊其實不像乍看下那麼模糊。莉莉並不把她的 inMoovator 當人看。人與機器戀愛的概念固然模糊，但她公開承認她的未婚夫是機器。

說到**利害關係者**，我會納入人工智慧、機器人、人工智慧的媒介、機器學習演算法和所有像機器人的「東西」，因為它們都可能左右我們的決定，也被我們的決定影響。這些利害關係者可能對政策、公司的決定，以及諸如醫療和運輸等公共財等等造成衝擊。雖然不是人，它們也必須列入道德責任的分配。而我們對它們負有責任（甚至要對它們負責）。

目前，責任落在創造、程式設計、銷售、運用機器人與其他人工智慧類型的人類身上，不論是大衛・韓森、用人工智慧診斷癌症的醫師，或是研發人工智慧來協助制訂移民決策的程式設計師。責任也落在我們每一個人肩上：當我們選擇如何與機器共事，當我們陳述己見、試著塑造規範及社會對模糊的容忍程度時，我們都要負責。（必須強調的是，要利害關係者承擔責任不是讓機器人更像人，也不是在原則發生衝突時賦予它們和人一樣的優先權。）

我們也必須審慎考慮，機器人可以怎麼給予弱者更大的幫助。世上有非常多人正面臨人力協助方面的艱難處境：不安全，或根本得不到，無論是因成本、地處與世隔絕或衝突地區、人力資源不充分或其他理由。我們可以更積極主動地考量利害關係者。若有領導人在技術打造、技術管理方面凸顯數據及觀念多元的重要性，而不只是彌補傷害，我們應給予支持。要確定來自各種背景、政治觀念及年齡的非技術專家都能提出見解，以降低製造模糊的技術釀成不平等的風險。

界限模糊也會危害我們看出未來潛在後果的能力，讓視線變得模糊。對於潛在的突變，我們仍未做足研究，亦無足夠的洞見。比如我們還不知道機器人照顧者會造成什麼樣的長期心理及經濟衝擊，也不知道和社群媒體及數位裝置的人工智慧一起長大的孩子，未來會是如何。而正當我們看到社群媒體的平台促進人與人的連結、給予人們發言權，我們也看到它們可能使人上癮、可能威脅心理健康、可能被當成武器來散播受損的事實甚至暴力。

我會呼籲創造看似便利的人工智慧的公司及創新者再多做一件事：更常將中止技術的關卡「關掉技術」納入考量。請考慮在哪些地方，其商品服務的益處可能不足以讓社會承受其帶來的額外風險。我們也要逼自己更積極主動地運用我們擁有的掌控權。我們可以堅持要真正知情才同意。如果我們的醫生運用人工智慧來診斷，我們該被告知這個事實，包括其風險及益處。（這說得比做得容易，因為我們不能指望醫生是人工智慧專家。）我們可以限制自己對亞莉莎等機器人或人工智慧裝置說的話，甚至決定要不要使用。我們可以加倍努力為身邊圍繞這些技術（不論像不像人）的孩子塑造良好的行為。我們可以熱切支持將管理、教育及研究列為優先、精益求精的政治作為。

最近，我認識的兩個家庭的成年子女不約而同需要腎臟移植，一個在歐洲，一個在美國。除了擔心摯愛能否存活、看著他們一邊等待器官，一邊忍受悲慘的治療，兩個家庭也經歷一個迂迴的過程：決定親人可不可以是合適的捐贈者。

在這兩個案例，病人一開始都拒絕家人捐贈。他們不希望家人動高風險的手術，不想奪走摯愛的腎臟，不想對彼此關係造成負面衝擊。但經過艱難、情感糾結的決策過程，兩個家庭都同意一試。其中一個例子，病患的父親成為成功的捐贈者；另一個例子，沒有家人是合適人選，到我寫這本書為止，病人還在等。

器官移植病患的數據嚴峻得令人悲痛。美國每天約有二十人在等待器官中死亡，而每十分鐘就有一人加入排隊。依據世界衛生組織的「全球器官捐獻及移植觀測」（Global Observatory on Donation and Transplantation），每年世界各地約有十三萬件器官移植案例發生，不到全球確實需求的一○%。

史丹佛遺傳學教授中內啟光博士[115]以往擔任執業醫生時，就見過許多器官衰竭末期病患因等不到需要的移植而死。許多年後，那些病患的死仍讓他耿耿於懷、心情沉重，使他決定著眼於解決器官短缺的問題。

中內博士的創新概念是模糊人類的界限：「如果我們能讓動物體內長出人的器官，」他這麼推想：「就可以幫助很多、很多人了。」

你或許對異種器官移植（xenotransplant）不陌生，也就是提供病人其他物種的組織或器官，如狒狒的心臟。但跨物種的器官移植可能蘊含嚴重風險，如免疫系統排斥及傳染病傳播等等[116]。因此，中內博士及其團隊盼能在豬、羊體內創造「絕配」的人類器官給病人使用，盼能拯救數十萬條人命。

舉例來說，如果有某名病患需要腎臟，或許有朝一日科學家能夠取下病人的細胞，將之重新編程為誘導性多能幹細胞（induced pluripotent stem cell），再讓它發育成腎臟細胞。接下來科學家會將這些人類細胞注入豬的胚胎——那已先進行基因改造、不會長出豬的腎臟。如果一切順利，與病人基因吻合的人類腎臟就會在那隻動物體內發育。因為豬長得很快，病患「不到十個月」就可以有新的器官，大大降低排斥的疑慮。

在二〇一七年一篇於《自然》（*Nature*）期刊發表的研究中，中內和他的研究團隊成功地在一隻大鼠體內造出小鼠的胰腺，然後部分移植給一隻罹患糖尿病的小鼠。新的器官治好了小鼠的糖尿病。那也證明器官確實可以在一個物種體內成長發育，再移植給另一個物種治療疾病，而不會抑制收受者的免疫系統。「十年前，」中內說：「大家說我們想要在大鼠體內做出小鼠的胰腺真是瘋了。」他和研究同僚巴布羅・羅斯博士（Pablo Ross）在二〇一八年宣布進一步的重大突破：他們成功將人類的幹細胞注入豬和羊的胚胎中。

中內解釋，除了發育快速，豬的器官大小也跟人類類似，每次生產也生得多，最多可生十五隻小豬，因此可望更快提供器官給更多病人。而且，透過養殖、吃豬肉、利用豬的胰島素來治療糖尿病，我們已和豬密切來往。綿羊是另一個可能性，綿羊對體外受精反應良好，有些器官大小也跟人類相去不遠。

二〇一九年七月，如《自然》期刊報導，日本政府首度核發「人獸胚胎實驗」許可給中內博士及其團隊。他的母國，不久前甫解除這類實驗禁令的日本，核准他移植胚胎並孕育至足月生產。美國國家衛生院在二〇一五年中止資助這類胚胎實驗，但二〇一六年，該機構尋求公眾意見，邀集科學家和動物福祉專家成立指導委員會來探討修改政策的可能性。資助暫緩的情況會發生什麼樣的變革，將充分反映這些專家的道德觀念。

中內研究的好處只有人類能享。我們的道德義務是把機會放到最大、傷害降至最低。可能有人反對用豬（基於宗教或其他理由）或反對在動物體內培植人類細胞的概念（基於動物權或其他理由），這些都可以理解；確實也很容易感到擔心或厭惡。但要是一名病患不做移植就會死，例如不能再等，或無法靠洗腎等替代療法存活，選擇可能就截然不同。假如是你，或你愛的人因等不到器官移植而瀕死，你會怎麼做？這個問題只有你能回答，而最重要的是尊重個人的選擇自由、尊嚴，以及宗教自由。

那麼醫生要負什麼樣的責任呢？我相信醫生要對病患力求透明，並獲得病患適切的知情同意；要盡可能降低醫療與其他風險，並協助病患權衡這個非比尋常、尚未廣泛討論的決定。總而言之，要確定病患及研究對象了解哪些風險可以克服，哪些不能，哪些機會至關重大，哪些不然。

中內博士以審慎的策略，恪遵嚴謹的科學、一絲不苟地追求他的夢想。二〇一九年二月，我跟他約在設於史丹佛大學洛基幹細胞研究院（Lorry I. Lokey Stem Cell Research Institute）的中內實驗室（Nakauchi Lab）碰面。他洋溢著令人安心的自信，毫無倨傲之氣。在他看來，在豬體內培植人類器官涉及的道德議題並非不能克服。

例如，有人擔心人類細胞可能會漫遊到目標器官以外，甚至跑到動物的腦部，進而影響動物的認知。中內博士和任何人一樣擔心會創造出具人類特徵的豬。他帶著我通過數個他相信他的團隊可控管的「道德關卡」，解釋說他們目前移植的人類細胞數量甚少，永遠不可能組成像大腦那樣的器官[117]。另外，研究人員現在也善於運用「祖細胞」（progenitor cell）：可預先指定發展成目標器官，避免人類細胞分化成人腦或人類的生殖腺。他們還擁有引入俗稱自殺基因（suicide gene）的技術，專門用來摧毀在腦部聚集的人體幹細胞。

中內博士告訴我，他的研究會緊跟著道德按部就班進行。他的做法示範了「什麼時候、在何種情況下」的策略：每一個步驟都將科學創新牢牢繫在道德責任上。他也一直惦記著潛在的病患和家屬。藉由遵循既定的道德方針、並與日本文部科學省及史丹佛大學等機構合作，隨著科學持續進步，中內博士也影響了全球的道德討論。他非常清楚，其他沒那麼忠於倫理道德的人也可能嘗試類似的研究。

評估接觸傳染和突變不是清點、統計優缺點，而是在將傳染納入考量後，**全面又個別地**檢視機會與風險。在這方面，中內博士及其團隊正在區分可管理與不可管理的風險。同時，他們也正在排定機會的輕重緩急。

二〇一九年，我讓兩組學生[118]詳盡列出人豬移植研究的接觸傳染與突變，包括可能的驅動因素及後果。他們提出十五到二十種可能的風險，從新病毒的傳播、可怕的「有人腦的豬」，到提高違法器官販運、鼓勵流氓行為者（賀建奎的問題），以及虐待動物等。但他們也主張，這項研究對器官移植和整體醫學知識大有貢獻，也可能拯救原本無法拯救的性命。

在模糊地帶航行時，我們可能會因為有太多事情無法知曉、無從了解而覺得不知所措。我們應從尋找位於天平兩端的事項著手——性命攸關的益處和人類無法接受的風險。在邊緣地帶，失去拯救一條，甚至數千條人命的關鍵機會，可能成為最無法克服的風險。就算有不少風險而只有一、兩個機會，拯救人命的益處是如此重要而值得冒險。這不是說我們該捏住鼻子撲通跳下水，因為我們仍有責任盡可能主動降低風險。

最後，涉及模糊界限的決策問題需要考慮脈絡更廣的利益和風險。在這個例子，一個全球性的風險因子或許是無人駕駛的汽車，特別是無人駕駛汽車對車禍和器官利用方面造成的衝擊。據美國衛生及公共服務部統計，一九八八年以後，美國約有九%的器官捐贈來自機動車輛意外的死者[119]。所幸，無人駕駛汽車可望改善安全而降低死於這種悲劇的人數。然而，這也導致可供移植的器官大幅減少，使短缺危機雪上加霜[120]。這個因素會怎麼影響你對人獸器官移植的看法呢？

在思考中內博士的創新時另一個務須考量的脈絡與全球不平等有關。根據世界衛生組織的資料，取得救命移植的機會在歐美等富裕地區最高、中低所得國家最低[121]。幾乎全球一致的器官短缺也助長了黑市經濟、國際器官販運和「移植觀光」（transplant tourism）：尋找器官的人到國外購買所需。據世界衛生組織統計，器官販運估計占了全球腎臟移植的五到一〇%[122]，而這些器官的來源很可能是發展中地區的貧窮、弱勢民眾，他們賣腎來還債。

誠如參與CRISPR研究的年輕女性德萊妮·范·李珀所提醒，當我們制定道德決策時，心中必須謹記那些似乎離我們的生命非常遙遠的利害關係者和後果。特別是牽涉到界限模糊的技術時。

針對看似遠在天邊、超出平常參考架構的道德挑戰，我設計了一套有用的工具，名為道德光譜[123]。光譜練習透過探測兩個問題來助你釐清自己對某個決定採取的立場：「我自己如何看待這個議題，社會又怎麼想？」以及「這個挑戰與其他兩難有什麼共通點，又有哪些前衛的新面向？」

若你要在「餐巾紙背後」畫圖，道德光譜基本上是線性圖，讓你在上面標明前衛的選項和較熟悉的例子。首先畫一條線，在兩端標註離群的事態，也就是極端（通常是二元論，因此不是最好的結果）。例如，如果你想要評估照顧老人的機器人能否做你的家庭成員，你或許可以在光譜兩端寫下「完全不照顧」和「全部由人類照顧」。在這道光譜上，請決定要把機器人照顧者連同其他較熟悉的照顧者放在哪些位置來回答上述兩個問題。例如你可能會加上醫療助理、志工、護理師、養護中心和其他可能性。在你比較這些選項時，相似與相異點會因應不同主題而浮現，例如照護品質、成本、便利性，以及對家人的衝擊等等。這個練習可給你更寬廣的參照架構來判斷你個人對機器人照護者的立場位於何處，社會的立場位於何處，以及你的挑戰與其他兩難有何雷同，又有何獨特之處。接下來，這個洞見便可為你提供建立決策架構所需的資訊或利害關係人等等。

還有一個擴展光譜練習的方法是：想想不同的主題。你在評估照顧長者的機器人時也許會想拿它跟其他機器人取代人際關係的情境對照。這道光譜上還有哪些主題呢？或許包括機器人接待員、Siri 或亞莉莎、連接無線網路的說話芭比、亞馬遜的倉儲進貨機器人、聊天機器人治療師、機器人性愛娃娃、iPad 棋伴、速食餐廳機器人廚師等等。找出光譜的兩個極端。問自己：光譜上有哪些創新是我可以接受，哪些是我絕對不會碰的？然後想想對你個人來說，長者照護機器人（或任何兩難）相較於你列出的所有其他創新，落在光譜的哪個位置。

找出你的道德挑戰和熟悉例子的相對位置，並無法取代道德決策，也無法就困境給你完整的答案。但那可以讓你明白什麼對你至關重要，以及你的觀念與社會規範相比為何。光譜練習可助你迅速為自己及他人重新建立較明確的界限。就像三度空間的井字遊戲，你評估愈多不同的情境，就能獲得愈宏觀的看法。

蘇菲亞、莉莉和中內博士的故事全都以不同的方式展現模糊的界限。但當你思考這些故事對你的意義，並透過決策架構及道德光譜加以詮釋時，請仔細觀察模糊周圍的微妙差異。我的意思是：這些故事是如何敘述人類與機器之間和人獸之間的模糊界限呢？

請注意莉莉、大衛・韓森和中內博士界定人類及解釋模糊界限的方式，有數個細微但重要的差異。例如莉莉並未試著**重新定義**人類，也不認為她的機器人夥伴是即將變成人的生物。相反地，她就是「愛」inMoovator 非人類的可預測性，想和這部機器建立情感及法律關係。相反地，大衛・韓森相信機器人會幫我們重新界定人的意義。

他試圖擴展界限，模糊我們與機器的關係，讓機器人在身體、情緒、智能等方面愈來愈像人。中內博士的研究則跨越人獸之界限，但他保證遵從倫理道德及人類福祉。他意在救命，且以科學為根據；他並未試圖重新界定人類，甚至沒有試圖重新界定動物。

對我來說，起始點必須是事實：稱呼機器為機器，動物為動物。這是韓森的論點讓我遲疑的地方。我們能否向機器學習人道精神，跟我們是否該把機器當人對待是兩碼子事，就算那些機器是愈來愈具說服力的人形機器人。

已故的諾貝爾文學獎得主托妮．莫里森（Toni Morrison）在〈錯誤之戰〉（*The War on Error*）一文中寫道：「今天，規範人工智慧比以往更加重要，因為今天的世界更絕望；因為今天的統治團體更跛腳、更冷漠、更不專心、更無能、更缺乏有創意的策略和資源。」不幸，我們就是欠缺必要的管制機制來控管風險、善用邊緣地帶的模糊界限之利[124]。

另外，我們嚴重低估了人工智慧對社會造成的挑戰有多急迫、層面有多廣。電腦科學教授李飛飛及前史丹佛教務長約翰．艾克曼迪（John Etchemendy）同為史丹佛人本人工智慧研究院（Stanford Institute for Human-Centered Artificial Intelligence）主任。（我是顧問委員會成員。）兩位教授大聲疾呼，美國在政策、研究投資及教育方面落後的現況是「形成中的全國緊急狀態」。比起殺手機器人的世界末日劇本，兩位專家更擔心經濟及社會的機會與風險。但他們基本上是在凸顯逐漸擴張的邊緣：以事證為基礎的有效管制，與他們所謂「讓我們最好的，與最壞的特質變本加厲」的技術之間，距離正迅速拉遠。

不論人工智慧與機器人科學家考慮得有多周延，我們仍需要可以跨越各國法律制度運作的全球性管理機制——甚至可以在法律制度失效的地方運作。而我們仍面臨漏網之魚的挑戰，就像在賀建奎的例子看到的那樣。

二〇一九年六月，G20（Group of Twenty，二十國集團）的貿易代表及數位經濟代表集會發布一系列的原則，承認我們因新興科技而面臨的挑戰。G20的原則重申以人為中心的人工智慧策略。儘管政府、機構和專家全都呼籲民眾參與，但民眾並未共襄盛舉。他們需要先了解什麼在危急關頭，以及如何參與。這本書想要響應那項行動，並全面討論人工智慧的倫理，以及需要專家與非專家共同面對的全球道德挑戰[125]。

普通公民與國家政府紛紛試著將模糊界限的機器重新連上法律及管理規範，不論是透過婚姻法（莉莉）、公民權（蘇菲亞）或國家健康研究機構標準（中內）。我們需要更急切、更靈活地換個角度來處理規範：在思考規範時納入非專家的見解；把邊緣放在心上，跟著它移動；並且，要像中內博士那樣確保規定掌握了對社會最關鍵的益處，並區分風險等級。

對於這些創新究竟是什麼，以及我們如何跟它們互動，我們每一個人都可以講真話。而技術專家可以建立過濾事實、讓事實不朽的演算法。人固然可能不理性、不可預測，但我們會以信任為基礎來建構彼此的關係與社會，而信任正是繫於事實之上。不管在任何情境，我們都不能容許事實受損。不能容許演算法社會讓受損的事實變本加厲。

第6章 事實受損

二〇一七年元月川普總統就職兩天後，我在健身房裡一邊運動一邊看新聞。白宮宣布，川普總統就職典禮的觀禮人數創史上新高[126]，《與媒體見面》（*Meet the Press*）主持人查克・托德（Chuck Todd）正就此與總統高級顧問凱莉安・康威（Kellyanne Conway）進行熱烈對話。

「你沒有回答我的問題：總統為什麼要叫白宮新聞秘書上講台扯謊。他為什麼要那樣做？」托德質問。「那在就職第一天就傷害了整個白宮新聞辦公室的公信力。」

「不，不是這樣，查克，別過度戲劇化了。」康威回答：「你說那是在扯謊……我們的新聞秘書尚恩・史派瑟（Sean Spicer）是提供了另類事實（alternative facts）。」

我差點從橢圓機摔下來。**另類**事實。另類**事實**。

「等等，另類事實？」托德插話：「另類事實可不是事實。那是謊話。」康威沒有直接回答，反倒精神抖擻地開始對前政府提出一連串指控。托德繼續逼問新一任的事，康威堅稱：「沒有什麼方法能真正清點群眾人數啦，這是大家都知道的事。」之後，指稱托德的質疑「很危險」，康威說：「那就是我們為什麼覺得不得不出面澄清，並提供另類事實的理由。」

究竟有誰會說另類事實？我這麼想。答案幾乎立刻湧上腦海：**獨裁政權。**撒謊、控制取得資訊的管道、編造更適合他們敘事的謊言，這些都是獨裁者散播不正確資訊、以事實為武器、鞏固政權的策略。一旦「另類事實」變成常態，便會削弱法治、威脅民主制度。我抓起袋子，離開健身房。對我來說昭然若揭的是：我們正處於決定時代的一刻：當事實成為選項，整棟道德大廈就崩塌了。

一小時後，我寫信給史丹佛公共政策課程主任，提出新的一門課。當春季學期於不到三個月後開學，我第一次教「後事實世界的事實倫理學」。即便如此，我仍無法想像另類事實會滲入我們的談話和決定到何種地步。

二〇一七年三月底，當我於新課程第一天走過史丹佛校園中央時，有學生正在發送印有「事實很重要」（Truth Matters）幾個白字的桃紅色手環。當時我不免震驚：不過幾個月前，這句話簡直跟廢話一樣，但短短幾個月後，「另類事實」一語已像病毒迅速蔓延，讓美國人琅琅上口。這是令人毛骨悚然的信號：身為公民，我們竟然得容忍虛假，甚至是政府最高層的謊言。我抓了一把手環分給班上學生。

我教「後事實世界的事實倫理學」這幾年來，我的學生一再於探討如主觀事實與客觀事實、事實與身分認同、真實性、事實與歷史等主題時令我驚訝且印象深刻。這門課最後要交一篇期末報告：「事實重要嗎？如果是，為什麼重要，有多重要？」到目前為止，只有一個人試著主張事實不重要。學生們的結論是：**沒有另類事實倫理學這種東西。**

這一章將解釋為什麼事實是道德決策不可或缺的基礎。事實支撐了道德決策架構、道德責任的分配，以及其他五種作用力的正向運用。然而在邊緣地帶，我們正面臨對事實前所未有的威脅，以及「事實是選擇而非必要」這個概念危險的常態化。在後面的故事，我們也將探討像這樣的核心問題：誰可以決定我們的事實？在事實方面，我們對社會負有什麼樣的義務？

這波「另類事實」，或我所謂「事實受損」的流行病是我們這個時代最隱伏也最危險的全球系統性風險之一。事實受損是人類最大的威脅：它傾覆了我們做道德決策的能力。它暗中破壞信任，也讓我們分不清是非對錯。它啟動了不道德行為的每一個傳染因素，害我們沒辦法整合其他五種作用力來將道德打入決策過程。它也在背後支撐我們面臨的每一種社會風險，從氣候變遷、全球疫情到民主的毀滅都不例外。

許多重要的哲學和歷史作品都探究也定義了「事實」。但我在這裡的焦點是事實與道德決策之間的關聯[127]。我所謂的事實指可驗證、客觀的真相——「關於某件事的實情或真實資訊，而非人們所想、所指望、所編造。」《麥克米倫英文辭典》（*Macmillan English Dictionary*）這般靈巧地給事實下定義。要釐清的一點是，以真相為基礎的事實探究並未排除意見、情感及個人偏見的差異，可能如何導致不同的現實經驗。如我一個學生指出，如果溫度計顯示攝氏二十度，那對每個人都是攝氏二十度，就算有人對這個溫度覺得暖，有人覺得冷。個人經驗無法改變溫度是攝氏二十度的科學事實。改寫參議員丹尼爾・派屈克・莫尼漢（Daniel Patrick Moynihan）的話：每個人都有權發表自己的意見，但無權發表自己的事實。

數百年來，事實一直是我們假定的共同參考點，是人際關係的仲裁者，也是社會信任的基礎。事實是規範、政策、領導與我們日常合作的鷹架。美國法庭上，我們會要求證人宣誓證詞「屬實，句句屬實，無半點虛假」（the truth, the whole truth, and nothing but the truth）。我們期望彼此在應徵工作、駕駛執照、投票登記、入出境申報及大學入學申請時如實回答，法律上也如此要求。公司及非營利組織的道德規範皆繫於事實。爸媽會灌輸小孩「說實話」的核心原則。

二〇一六這一年堪稱歷史性的危險變動：我們不再普遍接受事實的重要性。以往不是沒發生過各種「假新聞」和不誠實猖獗的情況，（我們曾在最高領導階層見過這樣的例子，還記得詹森總統的事蹟吧？）但到了二〇一七年，我們有對抗性政治、傳染性社群媒體、企業及政府權力高層缺乏道德決策等多種現象匯聚，導致事實受損愈來愈稀鬆平常，且廣為世人接受。

《牛津辭典》挑選「後事實」（post-truth）為二〇一六年的年度國際代表詞。這一年，這個詞在新聞和社群媒體的用量比二〇一五年增加百分之兩千[128]。《牛津英文辭典》將「後事實」定義為「涉及或表示客觀事實在形塑政治辯論或輿論的影響力不及訴諸情感和個人信念的情況」。實際上，「後事實」也包含揀選方便的實情。《牛津辭典》編輯說：「後事實的概念過去十年已經存在，但牛津辭典在今年於英國脫歐公民投票及美國總統大選等脈絡看到頻率高峰。」

事實是理解及保護我們共同人性的先決條件。事實是維繫人類連結的道德決策不可妥協的部分。但事實受損就是強大的斷路器了。它名副其實地瓦解人與人的連結，切斷個人、社會與過去的聯繫，還腐蝕我們規劃未來的能力。它摧毀我們對制度和領導人的信任，以及對彼此的信任。二〇一六年，隨著我們開啟歷史性的危險變動、不再普遍相信事實有多重要，我們也大大加速分歧。

■

另類事實一旦變成常態，就會以驚人、廣泛的方式影響我們的決定。其中一個特別令人煩惱的趨勢是：技術愈來愈常被用來變造我們的身體表徵——即俗稱的美化。數位影像已未必能精確呈現外貌。我們現在有虛擬美白牙齒、改善膚質、去除皺紋、改變膚色、和拉長雙腿等選項。但當替代的外表成為社會互動的常態或詐騙手法時，會發生什麼事呢？

亞洲最受歡迎的相片編輯平台叫「美圖」[129]。成立於二〇〇八年，美圖創造了手機應用程式讓使用者得以修改他們的照片和影片來呈現理想中的美——如其網站所言，每一次都能成就「完美的自拍」。據該公司表示，二〇一九年，每個月約有兩億八千兩百萬名使用者用美圖的產品創造出六十多億照片及影片；近四成使用者不在中國[130]。但「完美」的意義是由誰決定？這樣的觀念又跟事實受損有什麼關係呢？

美圖公司網站的道德基礎寫著：「使命：讓每個人都能簡單變美；願景：整合變美生態鏈，幫助用戶全方位變美；價值觀：熱愛、聚焦、突破。」[131]

美圖運用演算法蒐集最受歡迎功能的市場數據，再用那些數據提供自動美化的工具。該公司的共同創辦人吳欣鴻對《紐約客》解釋，使用者數據「即時告訴我們需要知道的事」。例如美圖可能獲知某個國家的使用者會加上雀斑，而另一個國家的使用者會移除雀斑。使用者可控制照片編輯，但編輯工具裡的某些設定會自動反映地區的審美觀念（及偏見）[132]。如《紐約時報》專欄作家曾雅美（Amie Tsang，音譯）和馮哲芸所觀察，在中國、日本、南韓等地，美圖的圖像傾向「白皮膚、精靈般的五官、四肢纖細、眼睛大而無辜」。

美圖的品牌宣言是「你的照片，你的品牌，你的故事」。那不是你的真實故事，而問題就在這裡：消費者正在使用美圖和其他美化照片的應用程式做為一種扭曲現實的新工具，把現實轉向他們屬意的事實版本。

隨著數百萬使用者重新定義自己的事實，再將變造過的照片廣為分享，我們的道德風景已劇烈變動，變得愈來愈前衛。許多重要研究都顯示，追求不切實際的美的理想，可能導致各種潛在的傷害[133]，諸如心理健康衰退，以及走極端、不顧危險努力「改善」外表等等。根據波士頓大學醫學院所做的研究，整形外科醫師指出，愈來愈多病人要求看起來像美化過的自拍版本。「這是個令人擔憂的趨勢。」他們在二〇一八年《JAMA臉部整形外科》期刊（*JAMA Facial Plastic Surgery*）的評論文章中寫道：「因為那些濾過的自拍照通常展現無法達成的外貌；對這些病人來說，也模糊了現實與幻想的界線。」二〇一七年五月，英國公共衛生皇家學會（Royal Society for Public Health）發布一篇報告，題目是社群媒體對心理健康造成的影響，特別是對年輕男女[134]。報告發現，每十個青少女就有九個表示對自己的身體不滿意，而「現在每小時光是Facebook就有一千萬張新照片上傳，儼然形成無盡深淵，把年輕女性拉進以外貌為主的比較」。

數位變造過的照片在社群媒體及約會網站愈來愈流行。二〇一六年美圖委託進行的一項研究發現，美國有三三%的女性和二〇%的男性坦承修過網路檔案上的照片[135]。同一項研究也指出，有四七%的男性和二七%的女性曾和實際外表與照片相去甚遠的對象約會過。約會檔案騙人的現象並非美圖發明，但這種突變的用法只會使我們分裂得更厲害，因為那一點一滴剝去了信任，而信任，正是我們真實連結的根源。

試想，如果愈來愈多人在官方的檔案上使用修過的照片，會有什麼樣的後果。這種動機在許多就業市場吃緊的國家起得了作用，因為就業吃緊意味不誠實地美化外表可能會動搖決策者。例如根據國際公眾電台（Public Radio International）一份報告，在參與二〇一六年一項研究的七百六十家南韓公司中，有九三％表示招募新員工時會要求附上大頭照，而有四五％的招聘人員說他們可以從照片「判斷應徵者的個性」，甚至有一五％表示喜歡「露齒微笑」的照片。一位中國畢業生告訴《紐約時報》她用美圖變造她在履歷表上，甚至正式身分證上的外貌。

這種日益嚴重的趨勢會以各種方式對眾多利害關係者造成衝擊，從因為沒有假造圖片而失去工作機會的應徵者、聘用不適任員工的公司，到已因社會迷戀美貌蒙受負面心理健康影響的人。利害關係者會開始質疑什麼是真的、什麼不是，卻又不得不面對這種真假難分對本身決定與行動造成的壓力。

在無傷大雅的玩笑和有道德疑慮的事實扭曲之間，我們要把線畫在哪裡呢？美圖是相當於化妝的技術，是以一種透明的自我表現形式來美化（真正的）容貌，還是一種「另類事實」，足以滲透、左右人的決策？對於美圖這種應用程式有潛在危害的用途，我們又該怎麼為其道德後果分配責任呢？

技術公司確實要為他們的商品服務造成的傷害負起大半責任。但道德責任亦取決於個人如何使用這些應用程式、目的為何，以及我們整個社會如何接受（或防範）那些用途和目的。運用美圖和其他修圖 app 做藝術和社交表現是一回事，利用變造相片的 app 來說服準雇主或戀愛對象做出對你個人有利或可能傷害他人的決定（無論是得到面試或約會的機會），就是十足的不誠實，且有詐欺之虞了。

有了技術，不代表我們就可以恣意違反一家公司的道德原則或服務條款，或我們自己的道德原則。如果你不會在招募中心填寫資料時撒謊，不會當面拿給別人偽造的照片，那你就不該於網路或透過 app 這麼做。（我對性騷擾和霸凌的立場類似；如果你不會在辦公室裡、在執行長面前這麼說或這麼做，就不該在 email 裡面這麼寫、在社群媒體發這種文……或在別的地方這麼做。）

據我所知，美圖在幫產品打廣告時並未宣稱它是偽造官方文件或鼓勵欺騙的工具[136]。據我所知，它也沒有直接勸人不要拿它「美化」過的照片做詐騙用途。該公司在服務條款及隱私政策中聲明使用者不可違法、限用於「非商業」用途（求職是商業），以及使用者要「為其內容負完全責任」。他們也增列其他重要的禁令，包括騷擾、歧視、裸露，揭露非公開的個人資訊等。

但業者對消費者和社會確實有許多重大的責任要負。儘管業者未必知道修圖應用程式的每一種濫用方式，但他們一定清楚這門生意在美化、心理健康及操控方面帶動的不健康，甚至不合法的趨勢，特別是商業模式已觸及全球市場的大型業者。

一旦業者意識到普遍的濫用，例如官方資料之偽造，他們就有責任試著加以關閉，並加固道德的護欄。消費者濫用的解決之道必須嵌入技術之中。業者也必須在服務條款以外支撐三大支柱，特別是加強透明度與知情同意。他們可以在網站首頁張貼不會漏看的警語（比法律免責聲明更容易看到），說諸如此類的濫用除了違反公司價值觀，也有違法之虞。（擔任公司道德規範顧問時，我都會提醒他們，公司的原則應適用於所有利害關係者，包括顧客。太多公司並未在服務條款納入公司原則，或暗示公司原則只適用於公司和員工的行為。）

公共衛生皇家學會的報告就提出相當好的建議：當「圖像經過數位美化或變造，大幅改變裡面人物的外貌」時，流行品牌、名人和廣告應在相片上放浮水印或小圖示加以標註。

責任分配也要納入外部的利害關係者及煞車。例如二〇一九年，中國政府為了遏止孩童間逐漸攀升的電玩上癮率，減少十八歲以下用戶每天玩特定電玩的時數[137]。未成年者必須登入遊戲網站，而業者須負責在時限到時關閉遊戲。投資人，不論是創業投資人或是美圖這種上市公司的股東，也應要求公司負起責任，將道德融入管理與技術之中。

美圖現象引發兩個重要而前衛的問題：誰可以決定我們的事實？以及論及事實，我們該對社會盡什麼道德義務？

在寫這本書時我已經活了五十七年。我可以因為我覺得我內心像三十歲，就告訴世界我三十歲嗎？那是實話嗎？我給的答案是否定的。不理會我的出生年月日、今天的日期，和兩者之間可計算的差距，就是扯謊，不管我自己怎麼感覺。假如我在送急診時告訴醫生我三十歲，或是在駕駛執照上妄稱我三十歲，會有什麼實質後果？我這麼說，我二十八歲的兒子會作何感想？

這樣的討論乍看下或許荒謬，卻有必要：二〇一八年，六十九歲的荷蘭男子拉特爾班德（Emile Ratelband）向法院申請將出生日期從一九四九年三月十一日改成一九六九年三月十一日，理由是他的醫生告訴他，他的身體跟四十出頭的男人差不多。拉特爾班德主張他「覺得」自己是四十九歲，而法律應該修改、允許個人決定自己的年齡。他想要「認同」自己年輕二十歲，就像人們可以「改名字和更改性別」一樣[138]。法院英明地不予同意[139]，指出「我們有各式各樣與年齡有關的權利和義務，例如投票權和義務教育。倘若同意拉特爾班德先生的請求，那些年齡規定將變得毫無意義」[140]。事實，如我先前所說，是以真相為基礎，不是感覺，也不是信仰。

不論我想不想變年輕，或想不想低報年紀，我的年齡都不是流動的，也不是我的感覺、信念或意見的問題。主觀、一廂情願的想法不該變成常態、代替事實真相。假如拉特爾班德申請獲准，可想而知荷蘭會有很多人合法地把自己的年齡改得更大或更小。但這不是虛不虛榮的問題，也不是法庭的趣味試驗。時間的精確（年齡、結婚或民事結合的日期、取得公民身分、投票登記及其他官方行動）對社會關係及各式各樣的契約至關重大。它支撐法律制度、醫療保健、國家公共建設的監督等等。一旦時間的精確不再得到尊重，法治和人類關係的規範就會通通失靈。信任將隨之粉碎。

驅除二元意味仔細關注前衛現實的細微差異、並盡力避免過度簡化。那不該與容忍用我們屬意的事實版本取代客觀事實混為一談（覺得像四十九歲跟實際年齡四十九歲是兩碼子事），也不該做為擋箭牌，默許我們無視不方便的真相。

本書從頭到尾訴說的故事闡述了事實可能被刻意扭曲的各種方式，從白人至上信徒否認DNA檢測的結果，到鴉片類藥物的製造商在全球散播致命的謊言。濫用美圖來偽造約會檔案或履歷表，也是扭曲事實，這會促使他人做出有實質影響的決定和行動。它廣泛且多半漫不經心地牽涉到數以百萬計的老百姓，散播謊言。這種漠視事實的行徑一旦氾濫，便極可能切斷我們之間的連結。就算日後改變做法，我們在官方環境呈現的假面，都已成為我們身為個人與做為社會的架構中不可抹滅的痕跡了。

另一個「我自己的事實」，即「後事實」的變體則與選擇現實中最方便、最值得嚮往的部分有關。一個愈來愈常見的例子是我們利用 Facebook、Instagram、Twitter 等社群媒體平台「策展」我們的故事。「策展」（curation）讓事實脫離脈絡——也就是脫離完整、現實的真相，使之片面、零碎。

社群媒體顯然是策展。它既是一種藝術形式，也是一種操控形式。不過我的焦點擺在社群媒體的策展和道德決策有何關係。具體地說，揀選我們要在社群媒體分享的事情，會怎麼危害事實呢？

我們會為在博物館舉辦的生平展收集各種作品，社群媒體就允許我們像那樣向世界展現自己。就連我們在「快照」（Snapchat）等平台發表的圖像（那些平台業者聲稱圖像很快就會從我們的動態消失）也是我們生命的短暫節錄。每一則貼文也許是真實（未變造）的照片或對真正發生事件的精確（真實）描述，但那不是完整的事實。因此我們不知道所有零碎片段會如何拼湊起來，不知道那些對我們的選擇有何意義。

博物館闡明了脈絡如何將事實化為觀點。專業策展人必須將諸多真相置於我們更廣泛的現實，而他們的方法是道德選擇所必需。博物館會在牆上掛牌子告知你目前展出的是畢卡索藍色時期的畫作，是受他在西班牙的生活啟發，一九〇一到一九〇四年於巴黎所繪。他們也會告訴你那裡缺了什麼，例如畢卡索的玫瑰時期，或他對立體主義的興趣。博物館會負責為我們提供寶貴的脈絡。他們不會什麼都告訴你，但信譽良好的博物館會精湛地告訴你了解藝術作品真正重要的事，例如藝術家的健康議題、經歷過的戰爭和其他世界大事、不同時期的情感狀態，甚至還有諸如虐待情人等道德瑕疵。

但社群媒體的策展發生突變了。我們生活和身分認同的片段一再被切割、挑選、在使用者之間分享，然後做為他人行動的依據。你永遠不知道資訊和對話最後會變成什麼樣，或是如何被錯誤詮釋。雇主、大學招生組和任何尋找我們背景資訊的人，會基於我們在網路上策展的現實決定要不要雇用我們、錄取我們，甚至公開羞辱我們。就連「不見的」照片和影片也會造成難以反轉的道德衝擊。

社群媒體是可以在脈絡底下提供事實的。有資格評論政治事件或藝術展覽特定面向的專家（前者如教授、民調專家、政治人物，後者如藝術家、藝廊經紀人、評論家、藝術史學者等）或許會選擇並評論脈絡化的內容，提供根據事實的背景資訊和個人分析，以便分享其專業。有些個人社群媒體網頁也提供完整的故事，例如我朋友對抗癌症時的貼文。但一旦社群媒體使用者揀選他們想要分享的事物，我們就無從了解完整的現實了。我們無法獲得具博物館品質的「對我們的決定真正重要」的元素，因為我們見到的都是朋友去夏威夷度假的美照裡陽光燦爛的海灘、色彩鮮艷的熱帶飲料，沒有雨天，沒有一回到家就要面對的失業。

編造自身事實的另一個變體是愈來愈著重個人的「真實性」。許多執行長和勵志演說家都寫到如何在職場及生活中達成最「真實的自我」。但諸如真誠、值得信任、可靠、忠於自我等真實性的面向，以及我們的原則和信念，全都繫於事實——是我們如何基於事實對自我及完整的現實進行評估。真實性是透過道德決策和尋求他人意見而掙得的，不是照鏡子就能獲得。真實地過日子發生在真實的世界，不是在另類事實的平行宇宙。否則我們很快就會發現自己脫離現實，也脫離了彼此的連結。

我們無法設計我們自己的事實。小說家薩爾曼・魯西迪爵士（Sir Salman Rushdie）在二〇一七年一場訪談中對我描述他曾經怎麼於一場讀書會上跟一名與會者辯論。對方拒絕承認全球科學家相信氣候變遷這回事。「這樣說吧，」魯西迪最後對他說：「如果你相信世界是平的，世界不會因為這樣就是平的。世界不需要你相信它是圓的才會是圓的。」魯西迪指出，事實不需要我們同意。事實也不需要委屈自己來順應我們真實自我的主觀看法。

位於耶路撒冷的以色列猶太大屠殺紀念館（The Holocaust History Museum）紀念死者與伸出援手的民眾，帶領訪客展開一場年代之旅。我在二〇一七年造訪博物館時，為建築師摩西．薩夫迪（Moshe Safdie）的設計所震懾。整棟混凝土建築外形像一個長長的三稜柱，中央變窄、穿過地下層，彷彿從水面陷落。也是三角形的畫廊引發窒息與困囿感：底部寬廣而漆黑，往上逐漸縮窄，在頂端連成一條細細的天窗。當你慢慢通過那些走廊，你的身體會感覺到愈來愈強烈的恐懼和無助。

倫敦維多利亞與亞伯特博物館（Victoria & Albert Museum）董事、已故的馬汀．羅斯（Martin Roth）曾告訴我：「博物館是記憶的聖杯。」親身經歷過悲劇的人，例如諾貝爾獎得主艾利．魏瑟爾（Elie Wiesel）和馬拉拉．尤沙夫賽（Malala Yousafzai）呼籲我們切莫遺忘過去，因為如果我們遺忘過去，諸如納粹大屠殺和針對想接受教育的穆斯林女孩發動恐怖攻擊等戰慄就可能一再重演。

「我試著讓記憶活著……我試著對抗那些會遺忘的人。因為如果我們忘記了，我們就有罪，我們就是共犯。」魏瑟爾一九八六年於奧斯陸發表諾貝爾獲獎感言時這麼說。同樣地，我們該牢牢記住那些說真話的勇者勇往直前，讓道德一傳十、十傳百的時候，從羅莎．帕克斯（Rosa Parks）、馬丁路德．金恩博士（Dr. Martin Luther King

Jr.）到 #MeToo 運動的領導者皆然。

受損的事實會傷害記憶和歷史。今天被玷汙的事實會變成明日扭曲的記憶，進而變成不精確的歷史。它會把歷史從智慧的源泉轉變成惡因，導致接觸傳染和不斷突變的詐欺。它會催化其他所有驅動傳染的因素，進而引發各種後果，從否認氣候變遷的科學，到反猶太、否認納粹大屠殺或伊斯蘭恐懼症等等。而這些假故事又會醞釀出以虛假為基礎的決策循環，使我們與事實漸行漸遠。如果我們容忍事實受損，就等於接受不精確的記憶和歷史，而那些不精確的記憶和歷史，都會成為我們個人、制度、國家永恆不滅的一部分。

如今，在邊緣地帶，我們要處理的不是像過去看到模糊界限那樣，能見度愈來愈差的問題。一旦另類事實成為常態，我們就等於進入能見度零的地帶，這對於過去、現在、未來都一樣。受損的事實是二元的，是一種不可接受的界定人性與摧毀人性的狀態。我們每一天所做數不清的決定都會散播這個風險。我們甚至不知道我們不知道什麼。我們不再知道自己是誰，不論做為個體或社會。受損的事實摧毀了我們的身分認同。

於是殘局便是如此：在後事實的世界，我們再也沒辦法知道我們見到什麼。那不只是因為我們其實沒看到我們自以為看到的事。我們也失去所有參照點——時間、地點、人物、決定。事實受損就像道德的流沙，會把我們徹底吞沒。而我們不只是愈努力把自己挖出來，就會陷得愈深；我們根本不曉得還有什麼危機存在。

同樣地，一旦我們援用受損的事實，道德決策架構就崩潰了。我們無法切實評估風險與機會。我們在利害關係者之間分配的責任傾斜了。我們也無法理解和管理其他五種作用力；無法鑑定需要非二元問題和評估的微妙差異。我們沒辦法知道權力如何分散、往哪裡分散，因為愈來愈多人有權力讓虛假永垂不朽。受損的事實會與許多接觸傳染的驅動因素相互強化。受損的事實使三大道德支柱搖搖欲墜。它阻止我們診斷模糊的界限，而模糊的界限會反過來讓我們更難判定事實，因為技術正如此迅速地改變我們的現實。

在後事實的世界制定決策時，必須從原則著手，就算我們很想直接跳到資訊那一步（乍看也合乎邏輯）。最有效的原則繫於事實之上：不論是我的學生建議的原則、甚或是美圖、波音公司的原則，幾乎所有原則都跟事實有某種關係（例如誠實、正直、心胸開闊）。

有個辦法可以覺察有問題的原則：問我們能否要個人與機構負責採用那項原則。如果不能，就是在暗示原則脫離事實了。例如，就連一些比較沒那麼聚焦於道德的原則，像是 Uber 一開始對「成長和利潤」的執著，也取決於事實：你不是提升成長利潤，就是沒有提升。與之相較，Uber 早期還有另一項原則叫「施魔法」；你很難判斷魔法到底施了沒有。

在你考慮資訊時，務必特別關注事實受損的指標，例如忽視科學或專家的忠告；拿意見、感覺、信念代替真相；缺乏脈絡；資訊孤島；以及各種事實個人化或策展的例子。請根除想當然耳的假定和直覺反應。一旦事實啟人疑竇，填補資訊的缺口就成了完全不同等級的艱鉅挑戰。一旦你無法信任你的真相是否屬實，所有資訊都會變成缺口。例如，若你寄偽造過的照片給雇主，他們就會懷疑你的履歷表是不是還有其他東西是假的。

一旦事實受損汙染了原則或資訊，要評估利害關係者和未來的後果可能就難上加難了。請從最直接的利害關係者著手（例如美圖使用者、他們的朋友、同事、家人、應用程式工程師）來辨別出其他利害關係者（招聘人員和求職者、因應編輯大頭照需求而創立的修圖公司等等）。後果也要以同樣方式鑑定。例如，不僅要考慮人際關係和工作所受的明顯衝擊，也要想想更全面的後果，例如愈來愈多人容許以外貌美不美做為聘用標準。

情境測試也可以扭轉兩難的決策：如果你在資訊裡鑑定出不是事實的東西，問問自己，假如事實被修正過來，會有哪些利害關係者和後果浮現。例如，隨著你新嵌入了事實，透明和知情同意會變得如何？要是你知道波音公司怎麼處理安全支援系統，你還會搭他們的飛機嗎？如果你知道嚴重特殊傳染性肺炎（COVID-19，新冠肺炎）會爆發全球大流行，你會更認真地保持社交距離做為預防措施嗎？

當事實受損滲透了決策架構，它會拆解每一個梯階：如果原則未以事實為根據，就無法問責，因此也無從判斷信任；一旦資訊遭到汙染，就會對利害關係者和後果產生不精確的觀點；於是，我們便再也無法確定自己能否評估驅動道德的作用力了。但即使事實受損只進入後果的層級，也會使先前所有步驟變得可疑。道德決策架構固然禁得起這樣的挑戰，但前提是立基於事實。

所以，我們要怎麼在後事實的世界，或歷史任何時間點，為事實奮鬥呢？首先，我們要尋找觀點，為真相奮戰。換句話說，我們對任何情境的看法都不夠充分。既然我們對於真相有不同的經驗關係（例如我們對溫度的感受不一），要獲取觀點，唯有踏出自身之外，向遇到林林總總問題的形形色色的人尋求不同的見解。

普立茲獎得主、總統史學家桃莉絲・基恩斯・古德溫（Doris Kearns Goodwin）在她所撰的林肯傳記《無敵》（*Team of Rivals*）中寫道：「為努力闡明林肯的人格和生涯，我拿他的生平紀錄，與同他角逐一八六〇年共和黨總統提名的傑出人士的故事放在一起對照……」[141]如果我們都可以仰賴一群競爭對手，與我們爭論事實的夥伴，來挑戰我們的看法、分享他們率直的觀點，會是多麼振奮人心的事[142]。受到古德溫的方法啟發，要對抗事實受損，可以從你自己的生活、你自己的一群對手開始。

其次，我在進行顧問工作時，常鼓勵客戶求助於能夠蒐集、分析、分享自身事證與經驗的專家。專家有自己的對手，例如同儕審查學術及專業期刊的編輯、事實查核中心、道德規範、自然科學與社會科學的競爭對手等等。專家能抽絲剝繭、歸結哪些是真正重要的真相和問題、為什麼重要，並以平易近人的語言告訴我們事實，而不會教我們怎麼想，然後聆聽我們的看法，使我們獲益良多。一項創新的潛在使用者需要知道它在做什麼、由誰掌控，以及對個人、社會、人類全體的重大機會與風險。（我們不必知道基因編輯過程的細節，或美圖程式設計師怎麼撰寫程式。）我們也需要了解法律會做什麼、不會做什麼來保護我們。換句話說：**邊緣地帶在哪裡？**

接下來，不要妄加揣測某件事情是不是真的（請記得，邊緣地帶的道德不是二元論）。存疑的時候，把你信以為真的事情放進道德決策架構中，謹記六種作用力。接下來看看如果你的事實擴散開來，可能呈現何種面貌。例如，萬一你「美化過」的照片最終進了警方的臉部辨識資料庫，成了誤捕的緣由，會發生什麼事？

切莫允許邊緣地帶的複雜現實，成為危害事實的藉口。從民粹、機器人到氣候變遷，複雜的情況必須放進道德決策架構思考。沒有採納另類事實的理由。所有模糊不清的，以及你可能不知道的事情，都要盡可能誠實面對。負起責任，繼續盡可能驅散迷霧，再重新評估事實。

不要把共識和事實搞混了。社會最具挑戰性的進步，例如根絕所有偽裝的歧視和不公不義，或鼓勵公司提升關於演算法的透明，往往都不是靠共識發生。真相也不需要共識。

另外，也不要指望事實唾手可得。如美國前副總統艾爾·高爾劃時代的電影《不願面對的真相》（*An Inconvenient Truth*）令人信服地證明，我們賴以建立道德決策的真相，不見得那麼容易尋得或面對。無獨有偶，漢斯·羅斯林（Hans Rosling）的《真確：扭轉十大直覺偏誤，發現事情比你想的美好》（*Factfulness: Ten Reasons We're Wrong About the World—and Why Things Are Better Than You Think*）告訴我們，遺漏的真相會如何錯引出沒必要的憂慮，又會怎麼——套用道德決策的術語——害機會白白流失、風險管理失效。

請記得，「我們如何運用事實」本身就是一個道德問題。我們不能容許事實被當成武器。駭客以道德之名非法揭露真實的秘密資訊（不論是個人或政府官員的隱私，或政府機密資料）就是如此，就是非法。透過揭發隱私把事實當成武器，可能會變成人身攻擊且極易傳染，例如「復仇式色情」的流行：公布（如果是真的）原本絕不該與大眾分享的私密影音。某件事情是真的，不代表將之公諸於世就是對的，或合乎道德的。

莫將想像和虛假混為一談。事實受損會壓碎想像、摧毀夢想、妨礙創新與同理心。要孕育出更合乎人性的事實，夢想和想像至關重要。而要覺察事實，最好的稜鏡莫過於能如實反映他人故事觀點的稜鏡，無論是寫實或虛構、真人或機器人的故事。每當我們看了一部絕佳的電影或讀了一本動人的小說，我們看待自身關係與人生境況的眼光，是不是煥然一新了？

最後，要為事實奮戰。彷彿所有把我們和人類牢牢相繫的道德決策，都取決於事實似的。因為的確如此。我們對於個人與共同歷史所做的種種改變，一切後果都會與我們相依到永久。

第7章 當機立斷的道德

很多人都遭遇過這樣的時刻：某位長輩開車的反射及反應時間已大不如前。也許是在停車場發生小擦撞，也許是在路上險象環生。每當他們坐上駕駛座，你就會渾身不自在。儘管他們開車的時日已步入尾聲，你仍擔心，要說服他們交出車鑰匙難上加難，畢竟那象徵獨立與個人自由。汽車讓他們得以進城找朋友、辦事情、上教會。那是他們身分認同的中心。取走鑰匙、阻止長輩開車，真的有那麼迫切嗎？

我們常需要迅速做出高品質的道德決定，換句話說，我們需要做出「當機立斷的道德」[143]。這一章將告訴你如何應用你在前六章學到的一切，有效瞄準你的當務之急。就像醫生會在急診室裡採用檢傷分類，當機立斷的道德可協助你迅速將心力集中在最關鍵的道德兩難。當機立斷的道德在這些常見的情境格外有效：你的時間有限時；你不需要額外資訊或不需要斟酌利害關係者的意見來做道德決策時；後果可以合理預期時；你不是擅自幫其他人同意時。

相形之下，也有一些兩難類型不適用於當機立斷的策略。需要更詳盡的資訊才能應用架構或處理作用力（特別是傳染）的決定，就不該匆促地做。如我們在DTC基因檢測工具包的例子所見，後果可能隨時間大幅改變（甚至不可預期）的決定，亦需要針對各種可能的情境細細思量。另外，可能會對其他你無法取得知情同意的人造成顯著衝擊的決定，同樣需要按下暫停鍵，想想你的衝擊、你的責任。

一個兩難可以「當機立斷」處理，不代表它不重要。也許違反直覺的是，波音要不要停飛有瑕疵飛機的選擇，應該是要當機立斷的：這是至關重大的決定；重大而不可彌補的潛在傷害是多人喪命；而他們不需要更多資訊就能做出道德選擇。

我不是在建議你走道德捷徑，也不是說實踐當機立斷的道德就一定方便或簡單明瞭。那仍需要負起責任、考量你對你自己的故事和他人的故事會造成的衝擊。不過當機立斷的道德確實提供你一套較有效率的策略來運用決策架構及驅使道德的作用力做出選擇。

針對當機立斷的道德，我的策略是我所謂的2×4：

- 選擇兩個最重要的原則。
- 選擇兩個最重要且無法彌補的後果。
- 選擇兩個最重要的作用力。
- 選擇兩種替代方案。

這個簡略的策略對許多兩難困境都有效，因為至少會有一個原則躍居榜首，也往往會有某個後果顯著（例如可能造成傷亡）到讓其他後果沒那麼要緊。選擇兩個是給自己一點點餘裕來測試你的決定。同樣地，六種作用力都會在所有兩難困境起作用，通常以其中一、兩種衝擊最大。最後，在任何兩難困境，都有必要思考替代方案，尋求其他殊途同歸，或夠接近目的地的路徑。

在這一章，我們將深究我們在日常生活面臨的各種道德問題：你該不管三七二十一拿走長輩的車鑰匙嗎；要把小孩的照片貼在社群媒體上嗎；該對反疫苗運動抱持何種觀點；要不要介入同事遭職場霸凌的情事；不同意雇主的作為時可採取哪些措施；最後，如果你家中的數位助理可能在「聽人講話」，你有沒有責任告知客人。

每一個情境，我都會從一套七個原則的樣本中做選擇：安全、尊重、事實、勇氣、責任、隱私、同情而不評斷。這一系列混雜了我覺得對決策架構和作用力不可或缺的原則（諸如事實、責任、同情而不評斷）、對保護民眾至高無上的原則（如安全和隱私），以及人之所以為人的原則（如尊重和勇氣）。

我們每個人為自己挑選的那一套原則，都適用於我們可能面對的所有問題。但一如這些故事顯示，情況不同，我們的優先順序和處理方式也會不一樣。

這些情境都是個案，且大多沒有簡易的「道德」或「不道德」解方。我邀請你依據你自己的原則、觀念和情況深入省思並回應。如果你尚未確立自己的五到八項個人原則，這些故事或許能幫你找出來。

你或許可以拿我的觀點做為一種可能的樣板，視你特別的情況與你自己的看法相較，但我提出己見不是為了評斷其他任何人的決定。

這種策略也讓你可以充滿信心地在職場上、茶餘飯後、和小孩及親人討論道德難題，或做出明智的消費選擇。更重要的是，一旦體驗過當機立斷道德的效率，未來面對愈來愈多決定的道德時，你會更得心應手。

一開始，2×4策略可能需要一點練習。但你用得愈多，它就會愈快扎根成習慣，你也會愈來愈靈敏。

當機立斷的道德情境：長輩開車愈來愈不安全了，我該設法取走他的車鑰匙嗎？

這個問題迫在眉睫是因為你已經得到你需要的資訊。例如，我們沒有必要查詢長者事故率的統計數據，因為這種情況看平均值沒有意義，我們是要設法杜絕駕駛本身或他人受到傷害，一點傷害也不可接受。

同樣地，我們已經知道利害關係者是駕駛及其親友，加上任何用路人及他們生命中的人。但我們不需要一一列出，或蒐集其他資訊才能做有道德效率的決定。任何利害關係者的受傷或死亡風險皆不可接受。

請從選擇你**最重要的兩個原則著手**。在這個情境，我會選安全與尊重，因為安全絕對是第一要務。話雖如此，或許也有其他多項原則適用於此，包括勇氣、責任、誠實面對風險、同情而不評斷等等。

要鑑定出**兩個後果**，請先問：哪些結果既重要又無法彌補？如果你不把鑰匙拿走，有沒有哪些結果是你無法容忍或如果沒有就不能活的？在這個例子，基於我選的安全和尊重原則，我最顧忌的是駕駛和其他不知名用路人的傷勢。其他後果也許包括對駕駛一家人的衝擊、駕駛的身心健康，以及聯繫家人朋友和取得必要服務的途徑。

哪**兩種作用力**最重要呢？我會從三大支柱開始，特別聚焦在知情同意上。我選擇的第二種作用力是傳染與突變。

首先，在這個情境，知情同意並未像其他更前衛的例子那樣正在碎裂，因為你和駕駛都有你需要的資訊。但取得知情同意仍具挑戰性，因為那也意味要駕駛放棄自由、接受與年紀有關的憂慮，並交出權力。提醒駕駛注意風險和責任，至少可以確定他們了解那些危險可能怎麼隨著年歲增長而改變。請他們注意他人承受的風險或許有助於改變他們的觀念。不妨具體指出嬰兒車、單車騎士、戴耳機的慢跑者等跟他們共用馬路的人。

第二種作用力：傳染與突變，可能包含容忍有潛在危害的行為（也是一種守法觀念薄弱、不肯面對事實的表現），以及駕駛或你本身單方面的動機（例如他們想維持獨立自主，你不想進行麻煩的對話或剝奪他們的自由）。這種種驅動傳染的因素等於變相鼓勵大家繼續冒險。

不過也請想像一下正面的傳染與突變。大家開始就停止開車的適當時間點進行對話。這很快就會變成標準。沒有汙名化，沒有侮辱，沒有失去權力的感覺，純粹是一段從特定年齡開始的過程，就像多數國家要年滿十六歲才能考駕照一樣。我們甚至可能觸發正向的突變，例如增進專為年長乘客安排的共乘或代駕服務（更低的費率、更多的協助、更容易使用的 app），以及更妥善地使用無人駕駛汽車。

現在讓我們看看駕駛不同意的**替代方案**。也許他們會答應不在晚上或尖峰時間開車，並避開危險、擁擠、較容易發生事故的地區。這種漸進式的策略未必能完全保障駕駛及其他用路人的安全，但有助降低風險，並開始慢慢減少開車次數、增進對其他選項的自在感，也就是讓「什麼時候、在何種情況下」的討論，往你的終極目標更進一步。

多數年長駕駛都是出自善意，並非滿不在乎。但到頭來若造成傷害，要負責的是他們。你要做的決定是要不要出於安全顧慮、安全第一，就不徵得對方同意而取走鑰匙。儘管這並不尊重他們的意願，但讓長輩不必要地承受傷人風險，可能遠比那更糟。

我承認「清官難斷家務事」。如果你已經徹底思索過選項，用2×4模型制定決策，仍覺得尊重長輩的獨立自主或其他原則比安全重要，那你也是為你的處境做了最好的決定。不必負道德責任不代表我們可以不抱持善意，尤其是我們有能力做得更好的時候。我們要負責找出明確的後果，也要負責監控全局，隨時調整我們的決定。

當機立斷的道德情境：在社群媒體貼出孩子照片有哪些道德考量？

想即時在社群媒體和親朋好友分享孩子踏出的第一步、上學第一天、畢業舞會的照片，或許感覺像人之常情，但這仍是充滿道德考量的選擇，因為這裡有非常重要的利害關係者，也就是我們的孩子。在美國及世界其他數個大國，約有八一%兩歲以下孩童曾在網路曝光過，其中近四分之一甚至還沒出生就被爸媽公布超音波照片了。[144]這情況已稀鬆平常到有它自己的詞彙：「曬娃」。

2×4策略不會評斷許多心懷道德而選擇張貼孩子動態及圖片的爸媽。我是用它來籲請大家注意這個事實：你的選擇可能牽連甚鉅，只是有些沒那麼明顯。我們完全無法預期你孩子的照片在今天或未來可能被怎麼挪用。皮尤研究中心（Pew Research）發現，二〇一八年有超過半數美國青少年曾在網路遭到霸凌或騷擾。社群媒體也為罪犯大開方便之門，更容易贏得孩子信任。而一如我們在DTC基因檢測工具包看到的情況，社群媒體公司的過失一浮出檯面，政策就會隨之演變。我們會急著批評業者先推出新技術才讓消費者評估及管理道德難題，但往往也是我們先放棄自己的權力與責任，才去了解事情牽連多廣、了解我們到底交出了什麼東西。我們甚至在沒有非參與不可的必要時按下「我同意」[145]。社群媒體無所不在，對個人與社會造成的衝擊如此強烈，我們應當自己考慮個人參與的道德，尤其是涉及家人的時候。

這是可以當機立斷的問題，因為你已經擁有足以考量的資訊。你已經知道像Facebook、Instagram、Twitter、Snapchat 等平台提供了絕佳的聯繫機會，但也充滿可靠與否、隱私風險、喪失分享內容的掌控權等議題，更別說我們在討論事實受損時探討過的策展問題了。你也明白目前和未來可能有哪些利害關係者，包括駭客、心懷不軌的朋友和家人，甚至大學和雇主。

讓我們套用 2×4 策略吧。我會選擇安全與尊重（特別是孩子的身分）做為首要原則。隱私緊追在後，但我認為它可融入更大的尊重問題，也就是爸媽在這個例子如何對待孩子的問題。

我選的兩個最重要**後果**皆涉及創造網路身分對別人的意義。首先，這個檔案既不可預期又永遠存在。就算你把照片從自己的帳號刪除了，你也無法掌控它們已經複製、變造多少次，會重新分配給多少不知名的收受者，或媒體業者會怎麼處置這筆資料。孩子可能永遠無法移除這些照片、消除曝光紀錄，無論是在網路上，或見過貼文者的記憶或裝置中。就連請社群媒體公司撤下資訊可能都沒什麼用，特別是（某種程度可以理解）那些自願張貼而未違反服務條款的圖片。（有些平台的服務條款會針對霸凌、騷擾、仇恨、違反智慧財產權等情況，但可能不會要求撤下當初我們自願張貼而去了我們意料之外的地方、被不當使用的照片。）

再者，爸媽或許該考慮這對未來他們與孩子的關係有何影響。我們無法預期孩子長大後會對他們在網路上的曝光作何反應。我有很多十八到二十二歲的學生表示，父母在社群媒體張貼小孩照片的趨勢令他們毛骨悚然，連出生前的超音波照片也在貼，因此要求讓這個議題成為正式的課程主題。

在這種情境，我們或許該試著站在孩子的立場，問：如果我們的孩子或他們的朋友未經我們允許就貼出我們的照片，我們會作何感想？我也質疑未經其他孩子爸媽同意，就貼出其他孩子照片（例如慶生會）的道德意涵。我自己的答案是我不會想讓其他人未經我同意，就把我家孩子的照片上傳到社群媒體上。（如果我真的決定分享這樣的照片，不管產生任何後果，都是我的責任。）

在這裡最重要的兩種**作用力**是接觸傳染和權力分散。這兩者又以傳染最強，因為這件事的後果有可能愈演愈烈一發不可收拾。尤其傳染與突變有太多驅動因素難以預料[146]，使傳染的風險頓時升高，包括守法觀念薄弱、傲慢、嫉妒、壓力、資訊孤島、不夠透明，以及與社群媒體有關的新技術等等。權力分散則助長爸媽的發文行為，使照片更容易遭到未授權的複製和傳布，讓任何人更容易接觸，進而操弄你孩子的身分。

你有哪些**替代方案**呢？也許可以選擇只在加密平台上分享照片、只分享給你夠信任而可掌控的特定群組、用 email 寄照片，甚至印出來郵寄給別人家。另一個變通之道或許是絕對不要張貼有安全疑慮的照片，例如可能透露你孩子的所在地、學校、課後活動、宗教信仰，或在哪裡做禮拜的圖像。還有一個選擇是在孩子長到適合年齡後，循序漸進地引導他們認識社群媒體，一起做決定；請務必向他們解釋「這是我要說的故事嗎？」這個問題的重要性。

我個人的偏好反映了道德顧問工作的保密性質，也呼應我個人為學生和朋友守密的承諾，因此對許多人來說太過極端。我努力消除風險，絕對不在社群媒體上傳照片，我也把我的網路發文（例如推文）限制在道德公益的事物。但我也明白，我有其他替代方案是拜我的特權之賜。對世界各地數億人口來說，社群媒體平台可能是他們唯一能上網和遠方親友聯絡的管道。在這樣的情況下，其他原則也許會和安全與尊重有所牴觸，例如必須把家人的關係列為優先。社群媒體公司、公權力單位、教育人士、執法官員，甚至兒科醫生都可以更積極主動地傳達張貼孩子照片的潛在風險，但爸媽也可以自己找出分享家庭時光的替代方案來杜絕傷害。

當機立斷的道德情境：爸媽拒絕讓孩子接受麻疹和其他疾病的預防接種，有哪些道德風險？

雖然許多醫療保健方面的決定不需要當機立斷，但在這個例子，我們其實只需要再多一點點有關疫苗的資訊就能做出道德決策。換句話說，我們固然不該自認已經擁有充分、高品質的事實，但也不需要變成醫療專家才能做決定。我們的道德分析可以立刻做出來，但透過打電話問醫師、聲譽卓著的健康服務熱線或其他可信賴的管道來尋求相關真實資訊，仍是我們的責任。但你不該聽信朋友、宗教領袖、名人、社群媒體平台、陌生網站（就算它出現在Google搜尋的頂端）、未獲認證的非營利組織或其他未經證實的新聞來源，就像你不會找醫生尋求心靈指引，或請新聞記者教你修水電一樣。

說到預防接種，受損的事實甚囂塵上。人們拒打疫苗的許多理由都罔顧科學證據。有些認為疫苗違背他們的宗教信仰。不具科學專業但有影響力的名人公開宣揚他們懷疑疫苗功效，而對其傷害言之鑿鑿。有些爸媽毫無事實根據地相信健康的生活方式就足以保護孩子抵抗疾病。

所幸，除了醫生建議，上網點一、兩下，就可以從美國疾病管制與預防中心（U.S. Centers for Disease Control and Prevention，CDC）、梅奧醫院（Mayo Clinic）、美國

醫學會（American Medical Association）、世界衛生組織等可信任的來源獲得科學事實。關於麻疹，你不用幾分鐘就可以找到的要點包括：一九六三年麻疹疫苗發明前，每年估計有三、四百萬美國人感染，其中多達五百人死於這種疾病。二〇一九年，美國有一千兩百八十二個麻疹病例（一九九二年以來最多），造成一百二十八人住院。根據CDC的資料，「大多數病例沒有接受過麻疹預防接種。」雖然在今天的美國，麻疹致死的病例已相對罕見，但仍可能引發包括耳朵及眼睛感染、肺炎、腦炎（腦部腫脹）等併發症。

CDC形容麻疹是「高度傳染性的病毒」，患者咳嗽、打噴嚏都可能傳染給他人，接觸到受汙染的表面也會。但在成功預防接種計畫的幫助下，美國在二〇〇〇年宣布麻疹已經消滅。按照建議施打兩劑麻疹腮腺炎德國麻疹混合疫苗（Measles, Mumps and Rubella，MMR）的孩子（第一劑在十二至十五個月之間、另一劑在四到六歲之間），據信預防效果達九七%。有些爸媽由衷相信疫苗能保護孩子預防麻疹，但也可能增加自閉症的風險[147]。醫學專家已破除這個論點。（在罕見的例子，有特定病況的孩子注射疫苗可能會面臨併發症；若是如此，爸媽就有正當理由依照醫療專業人員的建議，對預防注射採保留態度。這不是我在這裡探討的案例。）

不論你是要為自己的孩子做選擇，或是對這項議題產生見解，讓我們透過2×4模組來檢視一下道德。我會選擇個別孩子與他人的生存和安全，以及事實，特別是以證據為基礎的科學為**原則**。責任緊追在後。對許多人來說，個人或宗教自由也許會起作用，他們可能覺得強迫爸媽讓孩子施打疫苗侵犯了這些原則。但自由在這個例子是複雜的。我們討論的是：攸關其他人類生死的問題，爸媽是否有自由去做他們自認對的事。首先是自己的孩子（因為未達法定年齡，他們沒有同意權），再來是可能被孩子傳染的無辜民眾（他們無法表示同不同意，因為根本不知道自己暴露於疾病，等知道已經太遲）。

雖然我重視獨立自主、個人自由和多元文化宗教傳統，但我不會因為死守這些原則而去冒生命危險，或允許也會危及生命的謊言永遠存在。二〇一九年，世界衛生組織將「疫苗猶豫」（vaccine hesitancy，不願或拒絕接種疫苗）列為「全球健康十大威脅」之一：與人類免疫缺乏病毒（ＨＩＶ）、伊波拉病毒、空氣汙染和氣候變遷並列。做錯這個決定的後果太重要且無法彌補。居住在一個開放、安全的社會，公共安全是要付出的代價，也是權益。

接下來，這個例子有許多可能的**後果**，但比起孩子生重病甚至死亡，或傳染給別人，全都相形見絀。很多選擇不打疫苗的爸媽是為孩子著想，不是故意製造傷害。但無論善意或信仰都無法預防傷害，也反駁不了科學證據。善意與信仰也不能免除我們的道德責任，我們仍要為決定造成的衝擊負責，特別是可能導致孩子或陌生人死亡或重病的時候。

在這個例子，我會選擇的最重要**作用力**是受損事實的傳染。這會鼓勵錯誤資訊、想法與行為的傳播，進而導致疾病與生命流逝，也會使這種謬論廣為流傳：每個人只需為自己負責、我們可以設計自己的人生。這種道德傳染與疾病本身的醫學傳染密不可分。第二種作用力是權力分散；從沒想過濫用槍枝或酒醉開車傷害他人的爸媽，不讓孩子預防接種也可能造成致命的傷害。

預防接種有**替代方案**嗎？這種情況沒有。決定與後果都是二元論。如果我選擇預防接種，醫學證據證實我的孩子將能有效預防麻疹[148]。若選擇不打，科學同樣明確：我的孩子不安全，他們接觸到的孩子或成人也不安全。（同樣地，這裡排除醫學專家判定注射疫苗可能危害孩子健康的例子。）

既然任何不打疫苗的決定都會使我們容易感染疾病、冒上道德風險，我們或許可以採取一些步驟，試著往正確的方向移動。人人都可以在職場、家中、朋友間、社群媒體上傳播有事實根據的科學並消滅受損的事實，藉此將傳染減至最低。我們也可以提倡保護法規。例如，我們可以呼籲國會議員和社區領袖禁止未施打疫苗的孩子進入公園、餐廳和其他公共場所[149]。或者，在經過相互尊重的討論後，我們可以不讓沒做預防接種的孩子及其家人進家門。不幸的是，當社會被迫選擇保護措施，未施打疫苗的孩子將再次付出代價。

我們從反疫苗運動學到的種種可應用在一般醫療保健事務，也適用於沒那麼日常的醫療決策。最要緊的是，在對抗諸如 COVID-19（在我寫這本書的時候蔓延世界各地）這種全球流行病之際，我們每個人都面臨攸關生死的決定。就連最不起眼的決定，例如要不要在超市裡靠別人太近，都可能使無辜的陌生人無法反對威脅生命的風險。對抗這種病毒的生物防治法仰賴眾人合力克服事實受損與權力分散的傳染，以及受兩者驅使的不道德決策。

當機立斷的道德情境：如果我目擊男性上司騷擾或霸凌職位較低的女同事，我該怎麼做呢？

你在一家大公司工作，你的職務之上有好幾個領導階層，而你發現其中一位經理做出令人不舒服的行為。在員工會議上，他公然忽視一位舉手欲發問的女同事。當另一位主管終於請她發言，那名經理又頻頻打斷她，大聲蓋過她的聲音。一星期後，你聽到同一位經理提高音量在這位女士的桌前痛斥她。你注意到他的規律，就像穩定的鼓聲：他一再「不小心」在郵件群組裡漏掉她、沒讓她參加與她業務相關的客戶會議，也繼續在員工會議貶損她。但當你問她這件事，她又心存顧忌。她說，經理從來沒有在績效審核時提到什麼，或說她哪裡需要改進，而她不想惹麻煩。

你是旁觀者，親眼目睹事件發生或與事情有關的情況，但本身未涉入其中。身為旁觀者，你必須決定要不要舉報。令人難過的事實是，許多不良行為，像這個故事描述的霸凌，還有性騷擾、性侵犯，影響到的絕不只是犯行者或犯行對象。旁觀者，甚至許多未察覺到這種行為的人，也會間接受害。

這個難題可以當機立斷地處理，是因為你是目擊者，你看到你知道不被允許的行為（二元），你也可以鑑定出主要的利害關係者（你的朋友、經理、公司、你、其他旁觀者）。你不需要額外的資訊即有充分的根據來質疑道德。唯一有幫助的額外步驟是查詢貴公司有關旁觀者責任的政策。（如果有，通常可在網站或內部網路找到。）針對你可以怎麼介入的問題，政策有何說法，你是否有主動介入的明確責任（也就是若不舉報可能受懲戒），如果介入，公司能否保護你不被報復？政策有沒有教你如何判斷你目擊的行為是不是霸凌、騷擾或性惡行？（我建議組織在政策中明定旁觀者的責任及保護，此外，怎麼懲罰霸凌或騷擾，就怎麼嚴懲報復的行徑。）

身為道德顧問，我在形形色色的組織碰過各種霸凌和騷擾的情事，就連管理完善的公司也不例外。我見過許多結合性與權勢的霸凌和性惡行。了解旁觀者在目睹不可接受的行為時有哪些選擇，對這種情事的任何版本深具意義。然而，每一種情境該如何處置是極個人化的事，也取決於公司的環境、政策、人際關係，及旁觀者的就業和個人處境。

霸凌常落在一道光譜上，一端是惱人、一般性的取笑，另一端則是帶有性和種族歧視的行為。霸凌的兩大特徵是反覆再三，以及鎖定個人或特定群體為對象。從妨害工作能力（如隱瞞資訊）到蓄意的不尊重或侵犯等種種行為都算。棘手的例子落在兩個極端之間——犯行者霸凌一個人，但沒有明顯到觸發公司的反霸凌政策，也避開了可能違反其他政策的種族主義或性內容。但你不必是道德專家也能知道這個例子的行為不管屬於哪一類，都是是非分明，完完全全不可接受的。

在這種情況當旁觀者，我可能會選安全和尊重做為最重要的**原則**。要是我同事的安全（或身心健康）受到危害，特別是我相信行為可能變本加厲時，我可能會考慮馬上介入。我自己的安全（及身心健康）也很重要。如果介入會威脅到我們自己的安全，我們就沒有介入的義務，因為在這種情況下，我們並未獲得所有相關資訊，很可能在無意間使自己和他人暴露於傷害。（類似要顧及身體安危的情境不少，舉個例子，你在公園裡見到有人毆打一名青少年。若你直接介入，除了可能導致自己受到傷害，也可能害那名青少年蒙受更嚴重的傷害。）

最重要的兩個**後果**是有害的行為變本加厲，以及你和／或你的同事因舉報而遭到報復。如果加害者沒有被調查或阻止，你的同事會繼續受害；那位經理依舊橫行無阻（對你的同事，也可能對其他員工下手——繼續行為的「規律」和「鼓聲」）；其他人可能開始將他的行為視為常態，甚至有樣學樣來討好他。另一個後果可能是被指控的經理或他的支持者挾怨報復。其他後果也許包括你會和那位同事起衝突（也許她認為你不尊重她的隱私）、情緒困擾、未能根絕霸凌的組織失去信任等等。

我在這裡會選的兩種**作用力**是支柱粉碎中和接觸傳染。同事沒有同意我代她行動。事實上，她明確地婉拒了。一如其他例子，有多明確是關鍵。或許她會同意讓我徵詢公司外律師的意見，或只舉發行為的某一面。但要是連你個人也受到經理惡行影響，比如他的行為讓你和其他員工感覺不自在，或妨礙你們團隊合作，你對同意的評估就可能不一樣了。你可能會考慮舉報他的行為對你造成的衝擊，或聯合他人一起檢舉。

在傳染方面，除了這個故事顯示的行為顯然會一再重複，你或許也可以想想，在這種情況下逃過懲罰、秘而不宣、濫用權力，可能如何導致更多傳染和突變。

在評估**替代方案**時，我們需要區分兩件事：不可接受的行為是二元的，你的反應則不然。你有機會將「要不要介入」的兩難轉變成非二元的選項。如果經理不知悔改，你或許可以再跟同事談談，問她對那種行為的感覺，以及為什麼不想舉報——試著設身處地了解問題所在。你或許可以向你信任的資源，例如公司的人力資源經理、法律總顧問或政府督察尋求建議。你可以在不具名的意見調查上或透過「吹哨者」的密報程序舉發——如果你的組織有的話。或者諮詢外部律師或可信任的專家。視情況而定，你或許也可以跟你自己的經理或組織裡你信任的資深前輩聊聊，也許請他們務必保密。如果這些替代方案都行不通，一個選項是以其他方式表示理解及支持，且持續監控情況，如果同事改變心意，希望你幫他做什麼，你隨時可以鼎力相助。

沒有人希望自己愈幫愈忙，反倒造成更多傷害。思考實際與潛在的餘波著實關鍵，但如果我不承認此事不保證成功、防範報復的機制也因組織和情況而異，那就是我怠慢輕忽了。

旁觀者的情境比比皆是：在戲院、在街上、健身房，任何地方。這種種情境涉及各形各色的行為，從人身暴力、侵犯性的言語傷害，到惱人的嘰嘰喳喳不等。不論地點在哪裡，關係是什麼，這樣的情境都需要斷然決定該採取什麼行動，例如要是有人面臨迫切的人身危險，就得馬上報警。同樣地，除了罕見的例子，我不認為我們有道德義務讓自己陷於險境，何況我們甚至可能讓情況雪上加霜，特別是沒搞清楚真相就介入的時候。

但在職場，你是在一個你**自動成為利害關係者**的架構中運作，你嘗到的後果會持續得比你向當局報告你撞見的事件來得久。在職場上，你跟牽涉其中的個人有關係（就算不是直接關係）；你有公司規定和道德方針要遵守；別人的行為較可能對你構成影響（就算只是目擊）；你也該得到保護，以免遭到報復。

當機立斷的道德情境：如果我不同意公司的作為，該怎麼辦？

二〇一九年九月二十日星期五，全球各地有數百萬民眾參與全球氣候罷工罷課[150]：

一場國際性的抗議行動，旨在要求更周全的環境保護措施。在行動前幾天，亞馬遜、Google、微軟、Facebook等公司技術部門的員工號召同事離開辦公桌，和他們一起加入抗議行列。自稱亞馬遜員工氣候正義組織（Amazon Employees for Climate Justice）的團體接獲來自十四個國家一千八百多名亞馬遜員工「走出去」遊行的承諾書。行動當天，CNN報導光是在西雅圖就有三千名亞馬遜員工走上街頭[151]。該團體在Twitter動態（@AMZNforClimate）寫道：「我們希望亞馬遜承諾在二〇三〇年前達成零碳排，並先在受汙染最嚴重的社區駕駛電動運具。我們該帶頭達成零排放，而非在最後一刻滑進去。」

行動前夕，亞馬遜執行長傑夫・貝佐斯已提出新的氣候承諾書（Climate Pledge）來回應計畫中的抗爭，承諾在二〇三〇年前百分之百改用再生能源，並在二〇四〇年前達成「淨年度零碳排」，比〈巴黎協定〉（Paris Agreement）對抗氣候變遷設定的時程還早十年。（二〇二〇年二月，他也宣布提交一百億美元個人財富給貝佐斯地球基金〔Bezos Earth Fund〕來對抗氣候變遷。）但貝佐斯說亞馬遜會繼續為石油天然氣產業提供雲端運算服務。為反對這個決定，員工群起抗議。如果你像亞馬遜員工一樣不同意一家公司的作為，你可能有各種反應，諸如什麼也不做、寫部落格文章、參加遊行、跟主管聊聊、拒絕工作邀請、甚至辭職不幹。通常你不需要額外的資訊來做這項決定，也已經相當清楚有哪些利害關係者。因此，你可以當機立斷地處理這個重要的問題。

事實和尊重會是這個情境最重要的兩項**原則**。你可能最希望公司告訴你它在做什麼、為什麼這樣做、這個決策有何意涵等實情。你或許也在意公司領導階層尊重你表達意見的權利。反過來說，你也必須以尊重的態度處理你的回應，設想有建設性、適合工作場所的結果、留意保密義務，並繼續專注於工作。

想想你個人的原則與你工作場所的原則有多契合。它們可能永遠無法完全一致，也不需要如此。但調和兩者的差異，並蒐集挑戰你的看法的多元觀點，可能是你做出道德決策的關鍵，也決定了你能否對社會有所貢獻。你對一家公司的決策和作為所抱持的感覺，可能強烈到讓你一開始就不會為它效力，就像愈來愈多從個人到大型機構的股東拒絕投資諸如菸草、軍火、化石燃料等產業的公司那般。

兩個**後果**最為重要。就你個人的風險而言，你的決定對你的就業造成的衝擊至關重大。舉凡做出導致你被開除的舉動、辭職、忍受公司政策的衝擊，都是這一類的後果。唯有你可以評估決定哪些後果可被接受，哪些後果不可被接受的諸多要素。例如你的財務穩不穩定、你在別處有沒有機會，以及家裡有沒有老小要養，都可能是因素。其次，要仔細衡量你的選擇有多大的影響力：你的行動對解決問題有幫助嗎？眾人普遍意識到問題，以及管理階層表現出願意傾聽的跡象，已經是相當好的成果了。你不必用一篇部落格文章改變公司的客戶名單，但你會想確定你的目標是有建設性、可以實現，且以正向傳染的道德為依歸。

至於最重要的**作用力**，在我看來是支柱粉碎中。你的雇主不必每個決策都如你所願，也不必事事提供完全透明的資訊。但針對重大的道德議題，我相信，只要會影響業界、社區及員工對工作場所的判斷，員工都會期望見到充分的透明，以這個例子來說就是亞馬遜對環境的衝擊。充分的透明意味員工能理解各種基本事項，如研發中的產品、收入來源、客戶群、地理範圍、董事會的正式決策、當然還有涵蓋預期行為、工作場所規定和道德（包括環境永續性）等政策。但這不代表必須對每一名員工揭露列為機密的初步策略構想，或機密管理，或董事會的事務。

「我們將為能源公司努力工作，而在我們看來，我們這般努力是為了確定他們有最好的工具來轉型。」傑夫・貝佐斯這麼說。「要石油和能源公司用糟糕的工具轉型，未免強人所難，我們不會這麼做。」在這種情況下，員工們已經足夠了解公司的立場來發展自己的觀點了。

在職場大膽直言也是權力分散的例子。員工開始逐漸透過發言、離職和就業決定來投入道德事務。亞馬遜員工氣候正義組織在二〇一九年九月一份聲明中表示，貝佐斯在抗議前夕發表的氣候承諾宣言「證明集體行動和員工施壓奏效」。

在考慮**替代方案**時，不妨先釐清你跟你反對的特定情況有何關聯。就從這個問題著手：我和這個議題有什麼關係？你擔任要職嗎？製造無人機嗎？或是負責制定或執行化石燃料合約或政策？你跟這個議題有多密切，對你重要嗎？你有辦法選擇不要進行這件事，或在公司裡重新分派到不同專案或不同職務嗎[152]？你期望公司做得比你自己願意做得多嗎？在這個例子，亞馬遜員工可以想想如果他們自己開車上班、搭飛機出差，是如何耗用化石燃料。

你的公司是否聽得進去，且正往正確的方向移動呢？你是秉持解決問題的心態仗義執言嗎？要是你想身體力行，卻不想在工作時大聲批判公司的環境政策，你可以在家中採取正向的制衡措施，例如騎單車代替開車、減少食物浪費、盡可能少用塑膠製品等等。

在你做決定的同時，請記得，沒有哪家公司，哪位領導人是十全十美的。當公司的原則與我們有所衝突，我們也不能指望每一家公司都能立即做出改變。雇主要代表諸多利害關係者做決定。在出於尊重地抒發己見與選擇戰場之間求取平衡，對多數情況有益。我們可以想想哪些議題真的對我們的原則至關重大，也可以承認公司做了哪些好事。（然而，若是非黑即白的議題瀕臨危機，例如公司容許性惡行或嚴重違反人權，就算公司做了再多正面的事，也無法彌補不可接受的惡行。）

最後，公司應以非二元的方式預先處理敏感議題。主動詢問員工可以如何改善一項計畫的道德，或如何以合乎道德的方式達成特定目標，是比「做」或「不做」更能解決問題的方法。如果公司早一點歡迎員工這樣投入，就能為多一點建設性、少一點極端反應的互動奠定基礎。或許公司可以決定不要銷售產品服務給不努力發展替代燃料，或助長氣候變遷活動的企業客戶，或者不跟它合夥。或許也可以在銷售合約上要求企業客戶對環境做出具體的承諾與措施。

當機立斷的道德情境：你該告訴家中訪客亞莉莎已經開機了嗎？

每一天，世界各地的民眾會把他們的喇叭「叫醒」。他們會叫數位語音助理啟動裝置來播放音樂、確認行程、喚出食譜，還有其他許多要求。這些裝置現在非常普遍了。二〇一九年，全球大約賣出一億四千七百萬個智慧型喇叭；每四個美國人就有一個家中平均有二點六個裝置[153]。但並非人人都對那種東西感覺自在。我將在這裡探討亞馬遜的亞莉莎，但同樣的知識也適用於市面上多種數位助理品牌與版本。

這個難題是直截了當的當機立斷問題。你知道利害關係者是誰：你和你的客人、客人的家人，他們可能談到的任何人，以及亞馬遜公司、亞莉莎體內的通話名單，當然還有亞莉莎。但利害關係者的範圍也愈來愈廣，包括亞馬遜可能收購的任何公司、亞馬遜的員工、透過雲端連結或有權研究這項產品的承包商，甚至是客房裡使用亞莉莎的飯店及其員工。此外，還可能包括執法單位和法院，如第四章提及，警方取得法院搜索狀的報導。

你不需要更多資訊就知道，不告訴訪客家中裝置可能錄下你們對話的事實，是有後果的。美國有些州已立法限制未經同意的錄音（無論是用老式錄音機或智慧型手機）；有法律處理非法錄音可否用於執法的問題；一般使用者很難了解誰擁有這些資料、誰可以存取，以及資料存在哪裡。如果你不會用傳統的方法錄別人說話，就不該允許數位助理中的演算法這麼做。但這裡我要先把法律撇在一旁，因為這個道德選擇不需要法律指引。

我會選擇事實和隱私或尊重做為兩個最重要的**原則**。到你家的朋友和訪客可合理預期他們的對話是私密的——或許不會在閒聊八卦時保密，但當然不會被某種會儲存資料的裝置錄音。如果你沒告訴他們，你就是沒有據實以告，且不尊重你們的關係或他們的隱私。

兩個最重要的**後果**是什麼呢？對有各種情緒和生理障礙（包括行動、接觸及溝通困難）的人來說，亞莉莎或許是名副其實的救命恩人。例如有個在手術後癱瘓的同事告訴我，她能不用手、全靠聲音控制她的裝置打電話和傳訊息。亞莉莎協助我們處理的許多日常議題也許非關生死，但在未知會、未經同意下把客人說的話錄起來，可能嚴重破壞一段關係中的信任。

你的數據資料也可能有意想不到的用途。亞馬遜的服務條款提到「亞馬遜會在雲端處理及**保留**你和亞莉莎的互動，例如你輸入的聲音、音樂播放清單及你的亞莉莎待辦事項和購物清單。」[154]（粗體是我加的。）我們不知道那家公司會怎麼挪用你的數據資料，怎麼修訂它的服務條款。

一個範圍更廣的後果可能是，我們會在無意間違背自己的原則。

我會選擇支柱粉碎中做為最重要的**作用力**之一，特別是知情同意。你需要充分告知賓客實情，並明確地請求同意。這是我們每一個人該做的事，不是亞馬遜、不是法律、不是你的客人。界限模糊也扮演要角。我們一般不會和物體對話或尋求物體的建議。我們和數位助理的關係會如何演變，業者和管理者固然要負部分責任，但也取決於我們自己的需求和自在的程度。社會在設想這些產品的用途時，也必須注意它們為處境異常艱困者帶來的諸多益處。這種技術可能提升長輩及障礙人士的生活，也造福沒有辦法提供人力服務的社區。

不告訴朋友亞莉莎在聽我們講話有任何好處嗎？儘管我們很多人已習慣和數位助理共處，但很難想像有哪種情況，在未知會朋友下錄音能增進彼此的信任與連結。我們可以審慎衡量一種技術帶來的機會，以及某些用途也會帶來嚴重風險的事實。替代方案：有客人來時關掉裝置，或擺明跟亞莉莎說話。在我看來，這是比忘記提到它或刻意不告訴客人好得多的選項。忘記也好，刻意隱瞞也好，你都是擅自在幫別人做決定，而那不是你可以做的決定。

當機立斷的道德不是要你捏住鼻子撲通跳下水。我們仍需要勇氣才能取走車鑰匙、不袖手旁觀、挺身面對錯誤資訊、對諸如不做預防接種等威脅做出回應。我們仍須確定自己沒有奪走別人的選擇，不論是孩子決定網路身分的權利，或客人想要私密社交時刻的權利。在邊緣地帶，常有難題需要更深刻、更慎重的思考來做出最有效的決定，這時就不適合採取當機立斷的策略。例如，要不要買 23andMe 工具包，或要不要把你孩子的ＤＮＡ交給 23andMe，就絕對不是當機立斷的選擇。該公司對於送交孩子ＤＮＡ的政策仍充斥著應觸發警訊的潛在議題。[155]

投票是另一個不該當機立斷的決定。如第三章所討論，我們需要有細微差異的資訊，需要多加聆聽和討論，才能應用道德決策架構。

先設想道德再行動，對所有選擇都很重要。技術讓我們比以往更容易衝動行事；這麼一來，你可能相信自己必須趕快做決定。其實，我們有許多力量是來自我們不需要做的事。例如我們大多不需要在社群媒體張貼孩子的照片、在家裡使用智慧型喇叭，或現在就把孩子的ＤＮＡ交給 23andMe。身為消費者、父母、公民，我們其實有時間探究各種利害關係及替代方案再做決定。那個時間是應該要花的——包括讓一家公司你沒有參與的情況下出錯，看看管理者、消費者、業者及專家試著追上技術時的反應。

當機立斷的道德讓我們更容易把道德融入我們天天面對的諸多決定與討論，甚至是某些一輩子只會做一次的決定。這反過來賦予我們更大的權力與能力來履行我們自己的責任——不論業者在社會上推出什麼樣的創新，或管理者未能管理哪些新玩意兒。我們針對這些議題所做的集體辯論和決定，會在我們積極掌控我們自己的道德，以及社會的道德之際，造成偌大的差異。

第8章 韌性與復元

二〇一六年七月十七日，娜塔莎．艾德南—拉佩羅和父親及最好的朋友抵達倫敦希斯羅機場，準備轉往法國南部度假。兩個女孩興奮地嘰嘰喳喳，一邊走向英國航空登機門，但她們首先在 Pret A Manger 三明治店停下來買早餐，而娜塔莎非常專心地看一樣東西：成分表。雖然才十五歲，還是典型的青少女，娜塔莎卻對成分表一絲不苟[156]。如她的父親納迪姆後來證實，娜塔莎挑了一個朝鮮薊橄欖醬法式長棍麵包，仔細研究標籤：標籤上說這份三明治含有橄欖、朝鮮薊、羅勒和麵包，都是她喜歡而且知道可以放心吃的。她把三明治拿給父親，讓他再次確認原料[157]。許多食物連鎖店會把過敏原警示標誌貼在店面四周，但納迪姆把冰櫃看過一輪，什麼也沒見到[158]。

娜塔莎在登機門前吃了三明治，隨即覺得喉嚨奇癢——過敏反應的第一個徵兆。她喝下液態的抗組織胺，症狀減輕了。早上七點三十分，這一行人登上前往尼斯的班機，女孩在社群媒體貼了一段影片，興奮地笑著向朋友揮手。約二十五分鐘後，娜塔莎喉嚨又癢起來。她又喝了一劑抗組織胺，但毫無效果。不一會兒，她全身上下都癢起來，脖子脹紅。她掀起上衣，父親看到她「身上布滿大條大條的紅腫……好像剛被好幾百隻水母螫過一樣」。

納迪姆在娜塔莎右大腿注射一劑腎上腺素，意在提高血壓、放鬆肺部肌肉以促進呼吸，並減輕隨過敏反應發生的蕁麻疹和腫脹。不見好轉[159]。他幫她打了第二劑，但症狀不減反增。離降落還有大約三十五分鐘。娜塔莎的胸部開始隨著她大口喘氣而鼓起，她懇求父親：「爹地，幫幫我，我不能呼吸了！」

英國航空空勤組員取來氧氣面罩，一位前一天才拿到醫學士學位的乘客也出手相助。納迪姆無助地看著女兒陷入過敏休克的痛苦。她的皮膚發青，身體往前一倒，便昏過去了。飛機機長後來表示他一開始不知道娜塔莎的情況有多嚴重，等知道時已來不及緊急降落另一座機場了。當飛機開始降落尼斯，娜塔莎心跳驟停。醫生試著施加心肺復甦術，徒勞無功。一名組員後來作證說機上有電擊器，但那放在機尾所以沒有取來，而且在降落期間鎮守艙門是「第一要務」。

法國急救人員趕緊將娜塔莎送往尼斯一間醫院，納迪姆則打電話給妻子坦雅（Tanya）告知女兒正在與死神搏鬥。坦雅趕往倫敦史坦斯特機場（Stansted Airport）搭往尼斯的班機。那天是暑假第一天，要等到晚上才有機位。她坐在門前邊等待邊祈禱。醫院裡，納迪姆則被告知娜塔莎「活不了」。

晚上七點，納迪姆打給坦雅。「現在妳得跟她道別了。」他說完便把電話拿到娜塔莎耳邊。電話另一端，坦雅輕聲說：「塔莎，我好愛好愛妳，我們一會兒見喔。」說完便泣不成聲。

後來娜塔莎爸媽才知道，三明治長棍麵包的麵糰裡面摻了芝麻，但不只在麵包上看不出來，也沒有列在包裝標籤上。二〇一八年九月，倫敦西部驗屍法庭調查娜塔莎的死因。原來之前有關單位早提醒 Pret A Manger 注意二十一個過敏反應的例子，其中九例與芝麻有關，而這九例中的六例，顧客是吃了和娜塔莎同款的長棍麵包，更有五例需要就醫，包括一位因麵包裡的芝麻出現「危及生命反應」的十七歲女孩。[160]

Pret A Manger 公司風險與合規部門的主管作證說，這條生產鏈一切遵照法律規定[161]。實際上，英國和歐盟法律都允許像 Pret 這樣現場製造、包裝外賣食品的業者，以自己選擇的方式提醒顧客注意含過敏原的成分：口頭警告、食品標籤，或在店內張貼過敏原標示。納迪姆說希斯羅機場的店裡「完全沒有肉眼看得到的東西」。而法律也未要求 Pret 在個別食品標籤上註明[162]。多少有點令人困惑的是，如果食品不是現場製作，就像在大型超市販售的蛋糕製成品，就需要在每一份包裝上詳盡標示成分。

Pret A Manger 的經營或許符合食品標示規定，但並不符合更高的道德標準。為保障顧客安全，Pret 可以採取高於法律最低標準的措施。例如它可以在所有產品標示成分，或只用明顯看得到芝麻的麵包，特別是在出現第一例過敏反應之後。政府和企業領導人可以更嚴密地檢視在各種店面標示或不標示的風險。例如希斯羅機場商店要服務說數十種語言、通常趕搭班機的旅客，他們可能看不到店內張貼的標示，也可能不了解員工的口頭警告。

娜塔莎死後，Pret 開始把成分表貼在店架上，但包裝上還是沒有過敏警示。二〇一八年九月調查結束後，娜塔莎的爸媽發表令人揪心的聲明：「我們相信這次調查已經證明她會死是因為食品標示法律不夠周延……我們感覺，如果 Pret A Manger 確實遵守了法令，那麼就是法令拿我們女兒的性命玩了俄羅斯輪盤。」

幾天後，十月三日，Pret A Manger 執行長克萊夫・施里（Clive Schlee）公開致歉[163]。「我們承認，我們可以做的遠不止於此。」他說。Pret 做出多項改變，包括所有產品都附上成分標籤與過敏原警示的貼紙；在店面四周增加更多標示；在網路上張貼完整原料資訊；保證在二十四小時內回覆過敏相關事件的申訴；並宣誓與政府、慈善機構及專業同儕合作來修訂法律。

「但願這能促進產業改革，讓有過敏的顧客盡可能得到保護、獲得充分資訊。」施里在一份聲明中說道。「此時此刻，對 Pret 而言，沒有比這更重要的事。」

對這種積極主動又透明的回應感到好奇，我想多了解 Pret A Manger 的決策過程。二〇一九年四月，我寫信給施里問他是否願意跟我聊聊[164]，做為我為本書進行研究的一部分。那時他知道我是道德專家，對於可能是他執行長職務最艱難的時刻感興趣。但他幾小時後就回覆了。

我們透過電話交談時[165]，施里顯然對娜塔莎的死耿耿於懷，也一肩扛起公司決策之責。他說，當公司第一次探討這個議題時，有幾個因素促使他們決定維持現狀、不加改變。首先，他們認為給 Pret 每年在全球五百多家店面製造的數百萬件個別產品一一貼上標籤太貴了。另外，該公司認為繼續在現場製作食品，確保顧客有高品質、新鮮的商品也很重要。

但成本與品質不是一開始唯二的顧慮。施里解釋，他們也看到數個潛在的風險。第一個是為了確保三明治標示正確，他們必須驗證三明治裡的每一項成分、確認食譜，以免顧客接觸到其他原料。再來，在每一家店製作三明治的店員必須執行數個步驟來組裝及複檢產品與標籤。這個過程有太多容易疏忽及可能出錯的點。鉅細靡遺的標籤可能帶給消費者虛妄的安全感，而 Pret 認為那可能比完全沒有標籤還糟。

施里承認 Pret A Manger 要為娜塔莎的死負最大責任。他承認他們該做的比法律規定的更多，他們沒有思考得夠透徹。一看到自己哪裡失策，他們實說實話、承擔責任、亡羊補牢、繼續前行。

「事後回想，我們當初應該更積極主動才對。」施里這樣告訴我，說娜塔莎的憾事「震撼整個系統」，逼得公司往正確的方向採取步驟。

儘管如此，我仍對有關當局失效的管理感到恐懼。如果目標是保護消費者的健康與安全，食物在哪裡製作又有什麼差別？為什麼管理者允許現場製作的食品適用比非現場製作寬鬆的標準？這套有瑕疵、已造成一個顧客死亡，或至少要為她的死負起部分責任的法律，還有多少心懷善意的機關行號遵循呢？

二〇一九年，英國政府宣布新法令，要求食品業者在二〇二一年十月以前，為所有「在販售現場製作及包裝」的食品加上完整成分的標籤，以便更妥善地保護患有過敏的民眾。這條新法規就叫「娜塔莎法」（Natasha's Law）。

■

人非聖賢，孰能無過。我跟任何人一樣經常有判斷欠佳，或是超出我們所能掌控的外部環境聯手使我們的努力脫離軌道的時候。但套一句馬婭．安傑盧（Maya Angelou）的話：「先全力以赴，直到你了解得更透徹，而當你了解得更透徹，就要做得更好。」[166]

這本書已經給你做得更好的工具。你可以培養我所謂的道德韌性。道德韌性包含兩部分：一、**預防與敏捷**，也就是你從第一章到第七章學到的一切，你要心懷未來、密切監控、隨時對改變做出回應來進行道德決策。二、**復元**。你愈常運用你在這裡學到的東西，就愈不容易犯錯，就算犯錯也不會那麼嚴重，復原也會愈順利。換句話說，這套工具賦予我們清晰的先見之明，讓我們問自己，若結果因我們自己判斷錯誤或外部環境影響而不盡如意，我們會如何看待我們的決定。這種認知也會協助我們對他人的決定形成觀點，並加以表達。

韌性道德決策是理解哪裡出錯和決定前方道路之間的橋梁。那也可以做為理解他人出錯原因的指南，以及什麼時候、在何種情況下我們該給他們第二次機會。我們對於自己和他人的復元做何反應，充分說明我們抱持什麼樣的道德來面對其他道德困境。

如我們在 Pret A Manger 的例子所見，復元是從說實話的那一刻開始。用那一刻來評估我們的過失、診斷發生的事，並判定最好的前行之路。道德不是橡皮擦也不是辯解的理由。道德復元不代表造成的傷害化為烏有。這就是決策架構發生效用之處。如果我們夠機警地制定我們的決策，並一路隨著資訊、利害關係者及後果改變而評估，我們就會變得更有韌性。同樣地，我們也可以在評估後果時納入可能犯的錯，事先計畫。那或許意味建立護欄，比如設置多種管道舉報波音的惡行、確定 23andM2 或 Airbnb 的顧客能聯絡上公司代表，或是像 Pret 那樣提倡更完善的管制和公共意識。

儘管 Pret A Manger 最後展現出道德韌性、能從錯誤中學習，它的決策過程仍稱不上完美。要是當初該公司更勤勉地設想道德決策，就可能更清楚地見到個別產品標示（就算法規不周延）面臨的危機——一旦做錯，會有哪些重要而無法彌補的後果。Pret 的高階主管可以更快做出改變，不該讓一個青少年送命。但隨後，這家公司實話實說、扛起責任、知過能改，罕見地展現了道德韌性，若能貫徹到底，將有助於避免未來的傷害。

相形之下，即便有人送命，波音的執行長仍請川普總統讓有瑕疵的噴射機繼續飛。他準備讓更多生命涉險，就算對於他的飛機為何失事，他沒有充分的資訊。不說實話、怪罪機師、只聚焦於修正軟體的狹隘目標，波音在道德的流沙中愈陷愈深。在我看來，波音最大的問題不在於 MCAS 軟體或任何技術或測試議題；而在於該公司一直以來的決策方式有根本性的缺失。在他們有效地將道德融入公司每一層級的決策之前，復元是緣木求魚。

即便在特定利害關係者要負最大責任之際，其他每一個利害關係者通常也可以阻止傷害或把握機會。最起碼，娜塔莎事件中其他利害關係者該重新考慮自己能否做得更好。希斯羅機場可以要求各攤商採用高於法律規定的食品標示標準（甚至用多語言的標籤）；英國航空可以檢討機上裝備、加強人員處理嚴重過敏反應的訓練。

韌性有許多定義。有人主張是像生態學那樣回復原有的存在狀態：「一個系統回歸參考狀態的比率。」[167]《牛津英文辭典》將之定義為：「能夠迅速或易於從不幸、衝擊、疾病等恢復過來，或抗拒其影響的性質或事實。」我則把韌性視為一種前瞻和成長的心態。前洛克斐勒基金會主席及賓夕凡尼亞大學校長茱迪絲・羅丹（Judith Rodin）在著作《韌性的紅利》（*The Resilience Dividend*）中寫道：「韌性是任何實體：

個人、社群、組織、自然系統，為破壞預作準備、從衝擊與壓力中恢復、適應混亂的經驗並從中成長的能力。」羅丹進一步把我們在這本書詳盡探討的根本問題，將韌性與復元連結起來：我們要怎麼在利害關係者間分配道德復元的責任呢？[168]

「大家都知道，」羅丹說：「有韌性的地方一定有堅強的個人、團體、制度和網絡，可聯合起來讓一切準備就緒。」一如其他道德困境，「聯合」從決策架構和作用力開始。在這裡，決策架構身兼二職，既是有效率的診斷工具，可判定事情為什麼會脫離軌道，也是評估你和他人日後決定的起始點。

例如 Pret A Manger 就有深思熟慮過的原則。該公司的領導人堅信公司的使命是「手作天然食物」。這不是懶惰或不堅守原則的案例。（請記得，你可以評估他人與你不一樣的原則。）實際上，在娜塔莎過世前，Pret 還在「關於我們」的網頁宣傳「沒有標籤是好的」的概念，因為他們相信那是向顧客證明：他們的食物是在現場新鮮製作。[169]

但在 Pret 遭遇前幾件公司無標示商品引發過敏反應的案例時，基於情況嚴峻，它明明可以依照那些資訊做出有效詮釋與行動，卻沒有這麼做。原本思慮周詳的領導團隊，在此犯了嚴重判斷錯誤。驗屍報告也揭露 Pret 沒有建立適當的機制來監控產品引發的過敏反應，有些申訴去了客服部，有些則去了健康和安全部門。Pret A Manger 的故事比比皆是：在我的經驗中，多數人（包括恪遵道德的高階領導人）不是故意輕忽道德。他們只是不知道怎麼有效且一貫地將道德融入日常決策，或者沒有排定先後順序，並建立適當的機制加以管理。

Pret 沒有誤判其利害關係者，管理階層明白哪些人有利害關係。最重要的是，論及長期後果時，我們看到決策架構會怎麼串在一起：Pret 對不斷演變的過敏案例判斷錯誤且未能有效監控，儼然奠下不良的基礎，使之繼續無法正確評估其標籤措施的潛在後果。

Pret A Manger 一例最大的教訓也許適用於我們每一個人。**當我們在任何脈絡下看到他人的過失時，我們該自問的第一個問題是，我們是否也在犯，或可能犯同樣或類似的錯誤。**最好的預防與敏捷之道，或說對復元最大的支持，莫過於把從他人的挑戰中學到的教訓嵌入我們自己的生活之中。不妨想像，如果我們都能從自己和他人的錯誤學習，一次比一次知道得更多，一次決定比一次決定做得更好，我們可以傳播什麼樣正向的傳染。

我們多的是機會可以徹底思考我們自己和他人的錯誤，尤其現在，我們愈來愈常被要求對別人眾所周知的過失發表意見。接下來我們要探討一個惡名昭彰的復元失敗案例，Pret 故事的極端反例。我們也將看看如何處理一些更常見的、落於這兩個極端之間，但仍對我們的人生造成不尋常衝擊的日常過失。

二〇二〇年二月二十四日，一組曼哈頓陪審團在一場轟動全球的審判中判決美國電影監製哈維・溫斯坦（Harvey Weinstein）一級性騷擾及三級性侵害罪[170]。六名女性對這位現年六十七歲、以《莎翁情史》（*Shakespeare in Love*）、《英倫情人》（*The English Patient*）、《黑色追緝令》（*Pulp Fiction*）、《大藝術家》（*The Artist*）等片聞名的好萊塢大人物做出不利的證詞。他已被九十多位女性公開指控性騷擾與侵害，而在我寫這本書的時候，他也面臨在洛杉磯的刑事指控、許多原告提起的民事訴訟，以及倫敦、都柏林的調查。

溫斯坦暢行無阻近三十年，直到二〇一七年十月《紐約客》和《紐約時報》的調查報導揭露他由來已久、令人髮指的掠奪行為模式。這些報導激發全球性的 #MeToo 運動，大聲反對性惡行。隨著運動蔓延開來，它賦予女性及男性力量打破沉默，揭露他們受到的傷害。背景資料僅供參考：根據就頻率而言，根據美國疾病管制與預防中心事故傷害防制中心（National Center for Injury Prevention and Control）二〇一七年一份調查報告，美國有三分之一的女性、六分之一的男性會在這一生遭遇性侵害。另外，根據設於華盛頓特區之國家跨性別平等中心（National Center for Transgender Equality）二〇一五年的調查報告，約有半數跨性別人士表示曾在人生某個時間點遭受性侵害。

二〇一八年二月，也就是溫斯坦惡行被披露四個月後，《紐約時報》報導有七十一位橫跨娛樂、媒體、音樂、金融、政治、餐旅、矽谷高科技業的高端工作者因性惡行而遭到解雇、辭職，或經歷事業波折。研究 #MeToo 在二十四國家所造成衝擊的耶魯大學研究人員發現，運動後六個月內，性犯罪的舉報次數增加了一三%。

形形色色的性惡行都是不可接受且大多違法。#MeToo 運動的發起人給了我們一種簡略的方式自信地宣告有些事情是是非分明的。誠如發起人塔拉納．伯克（Tarana Burke）告訴《紐約時報》的，溫斯坦的裁決堪稱這項運動的轉捩點：「溫斯坦一案的結果應視為賜予倖存者和我們的盟友動力、尋求改變的燃料。」

但溫斯坦一直不願或不能說實話、擔責任、尋求修正。他對指控一概否認，說和指控者是合意性行為，甚至雇用私家偵探阻撓、恫嚇指控者對媒體發言。當他坐在法庭聆聽判決時，有人聽到他一再對他的律師說：「可是我是無辜的。」

他的罪是已在曼哈頓法庭裁決的是非題。但他的作為和裁決在事後仍留下一大堆道德問題，從他身邊支持他、幫他隱瞞的人該負多少責任，到我們該如何協助倖存者，到我們該如何看待他優異的藝術貢獻。正如他有罪或無辜的問題不是我們個人可以掌控，相當程度上，我們也不具有要幫兇負責，或協助受害者的權力。（這不是說做為一個社會，我們不該設法在這兩方面做得更多，也不是說強力問責並未造成多大差異。）但我們確實可以掌控，也確實擁有權力的是如何看待他的作品的決定。

無論獨為個體或合為社會，對於那些行為令我們難以接受的人士在藝術、運動、政治、學術或其他方面的重大貢獻，我們有道德選擇要做。例如，我們該阻止我們的孩子聽被控變童（但始終沒有在刑事法庭被判罪）的流行樂巨星麥可·傑克森的音樂嗎？和法蘭西斯·克里克（Francis Crick）共同發現DNA雙螺旋結構的分子生物學家詹姆斯·華生（James Watson），該因長久以來性別、種族歧視的言論，包括二〇〇七年一段指特定族群先天智力較低的駭人談話，取消他的諾貝爾獎嗎？我們又該如何看待藝術傳奇畢卡索的作品——他被控反覆對生命中的女子施加情緒暴力[171]？這些不是只發生一次的情事。這些人是反覆做出、說出，或支持惡劣的言行，且有好幾位目擊證人。什麼時候、在何種情況下，我們該摧毀他們的藝術作品，或支持全面社會變革，讓那些作品上不了影片和音樂串流服務，或自博物館及書店撤下呢？

哈維·溫斯坦電影成就的棘手問題提醒我：界定正確的問題很重要。首先，如前文所述，他違法的行為是二元議題：絕對不可接受。法院已表達得很清楚。其次，著眼於什麼時候、在何種情況下我們該摧毀或禁止藝術，則是非二元的問題。我們必須把這兩個問題分開來回答。考慮他的藝術該不該傳世時，我們要在意的是**我們的道德決定**，而不只是他的行為或道德。

在這裡我會強調尊重、事實、責任等原則，但也請你想想你自己的原則。資訊、利害關係者及後果族繁不及備載，但我可能會聚焦在幾個關鍵點。例如，溫斯坦影業（Weinstein Company）製作或經銷的那些電影和電視節目，不是只有溫斯坦一人參與。他的藝術作品仰賴其他數百位利害關係者的才華，包括演員、導演、編劇、製作助理、技師等等。而且成就斐然，米拉麥克斯（Miramax）和溫斯坦影業參與的電影共獲三百四十一次奧斯卡提名，贏得八十一次。把它們通通消除將是抹煞其他許多利害關係人的貢獻，且會對未來的觀眾造成負面衝擊：他們也許會喜歡那些作品、從中學習、並藉此了解電影史的完整脈絡。

有哪些道德作用力在這裡起作用呢？我們看到最重要的是權力分散、接觸傳染與事實受損的破壞性組合。

一個檢視溫斯坦不凡成就的方式是把它視為權力分散之濫用和傳染與突變的驅動力：他斬獲愈多成就、得到愈多權力，就愈有辦法掩蓋他的行為、製造恐懼、對女性施加壓力：威脅她們，如果不屈服於他的意志，就不給她們工作、毀了她們在業界的名聲。

事實受損帶來的挑戰至關重要。如果我們抹去電影史上一部分經典之作，就再也無法陳述關於那段歷史，或關於溫斯坦先生的事實。我相信儘管我們絕不支持他可惡的行徑，仍可以也應該保護藝術作品，畢竟那會影響其他太多利害關係人。刪去或漠視他的電影的決定，只會發生危險的突變，使我們無法認清人們正面貢獻的事實，以及行為不端的事實。

另外，摧毀藝術並無法削減過往的惡行或阻止它在今天擴散。傷害已經造成，它的後果會繼續存在。拔除溫斯坦的作品勸阻不了其他為惡者。那也無法阻止突變，例如他的員工所展現的容忍，或是要揭發者閉嘴的威脅。更重要的是，那無法撫平倖存者難以言喻且持續承受的創傷。那甚至無助於 #MeToo 運動或揭露其他案例來改變社會的容忍程度。已挺身而出的倖存者包括世上一些最受推崇的藝術工作者，而他們的藝術貢獻理應得到尊重。

我認為，我們應努力以活生生的例子讓世人了解，不道德的行為有多容易滲入社會，以及社會全體該負起的責任。但說比做容易。傳染與突變的驅動因素如壓力、貪婪、恐懼、權力濫用、保密等等，都讓性惡行在溫斯坦的案例、在電影產業、在從華爾街到矽谷等其他許多名氣與權力的熔爐，潰爛化膿、周而復始。

這些問題錯綜複雜，要能獲得任一種答案，都需要許多有理而分歧的意見。無論我們支持哪一種選擇，道德決策都需要我們照亮事實，而非扼殺事實，或把它鎖起來。

在哈維．溫斯坦的例子，他已經被他的公司開除，也被電影藝術與科學學院（Academy of Motion Picture Arts and Sciences）除名，罪有應得。從社會及個人的角度看，我們是否該奮力使他失去未來從他製作過的影片獲益的權利，甚至失去著作權呢？是否該拿他擁有的權利幫助性惡行的倖存者呢？（這些建議需要深入的法律分析，或許不會成功。）另外，媒體、產業領導人、電影史學家，甚至影迷，都可致力不要淡忘他是個什麼樣的人，一如我們不會淡化其他罪犯，並針對別人為什麼無法阻止他的行為提供確切的說明。在他的例子，傑出的新聞報導貢獻卓著，從歐普拉到瑞絲·薇斯朋等堅定藝術家的領導也厥功甚偉。電影經銷商也可以做出修正，也許在片頭或片尾提到他因性惡行被判了重罪，而串流媒體、經銷商、劇院、獎項評審小組及其他參與影片製作的工作者，都不會姑息這種行為。

我們甚至可以闡明，成就一部電影的演員和其他專業人員不認為大眾觀看這部電影就是姑息他的行為；這有助於設定我們前進的方向，而不會讓欣賞藝術本身的人蒙羞。這展現了對藝術、歷史、其他諸多利害關係者，包括未來的電影觀眾、未來的製片人，以及 #MeToo 運動支持者的尊重。這也是向倖存者表示尊重的一小步：向他們保證，他們的事實不會遭到遺忘。

■

讓藝術作品留下來也回答了「要不要修改歷史」這個層面更廣的問題——我們在許多論壇的邊緣地帶都面臨這樣的抉擇。讓我們想想歷史紀念物的難題，諸如雕像，還有重要的建築物、街道、橋梁等以我們認為行為可憎（如支持奴隸制度）的人命名。

大學院校一直掙扎要不要在主要校園消去奴隸支持者的名字[172]。各城鎮辯論該不該移除特定人物的雕像，例如維吉尼亞州夏洛特維爾那尊器宇軒昂的南方邦聯李將軍像——白人民族主義在那裡舉行示威運動，演變成暴力衝突、造成死傷。

每一個案例都有自己的脈絡，而重點絕對不在比較誰的言行更該指謫。我們的目標是保護事實，並了解道德的韌性與復元，取決於事實能否讓世人承擔責任，並採取進一步行動。這種種在藝術與歷史發生的情況都顯示，這些議題、這些人工製品、這些幫兇和旁觀者可怕的行徑仍在作祟，仍與現今的社會弊病息息相關。它們不是我們的過去。它們是我們的現在。道德復元與韌性是一種長久的承諾。

一如藝術品，對於歷史紀念物的倫理道德，也有各種經過深思的觀點。如果一間原以奴隸擁護者命名的機構決定改名，我覺得現場應該設置顯而易見的銘牌，提供有關原名與往事的翔實紀錄。銘牌該傳達歷史背景與對今天的教訓，解釋造成的傷痛和更名的理由。如果機構讓建築維持現狀，也應該有銘牌提供同樣的資訊，解釋他們為什麼選擇讓史蹟保留原來的形式及地點，旨在呈現歷史，而非紀念某位蓄奴者或優生學家之流[173]。歷史紀念物的所有網站、廣告、導覽等等都該整合這樣的認識。不論史蹟會續留還是拆除，都需要前瞻性的行動：這些機構必須展現具體的步驟來補救及預防未來的傷害。可行的步驟從教育、政策、聘雇實務，到各式各樣的承諾，例如喬治城大學（Georgetown University）就募款支持社區與奴隸後裔「持續對話」的計畫：

一八三八年，那批奴隸被轉賣以籌措資金讓大學繼續運作。

另一方面，消除過往的做法可能引發數個關鍵問題：我們要把線畫在哪裡？要如何判定某個人的行為是否惡劣到必須抹煞他們在各自領域的貢獻？我們又要如何尋找一貫的標準，了解這麼做的後果？

抹去歷史是一種危險的武斷，會傷害道德韌性。武斷會啟動各種傳染因素，從不公平、守法觀念薄弱到扭曲的誘因，這些都會助紂為虐。那也可能使人們更易容忍不可接受的行為，或對揭發事實沾沾自喜。況且，我們要怎麼消去其他產業的貢獻呢？我們要解除金融貿易、房地產交易，或國際貿易協議嗎？我們要如何收回明星外科醫生救命的介入性治療呢？

若決定拆除奴隸制度和優生學等不可容忍行為的紀念物，也不必抹去歷史，不必抹去對未來利害關係者相當重要的知識。像是把紀念物貯存起來做研究，或是在遺址添增固定的解釋性描述，都可以保存知識和降低武斷的風險。

諸如此類的故事之所以盤根錯節，是因為我們可能會因喜愛某部電影或跟著音樂哼歌而感到內疚。撤除藝術品是唐突的復元手段，那會讓非二元的決定變成非黑即白。會摧毀事實。會打掉許多沒必要打掉的事物，為過去和未來無辜的利害關係者製造無謂的傷害，特別是其他藝術家。

我們在自己的人生所面對挑戰道德觀念的故事，大部分都與企業程序整頓或程度嚴重到引發全球社會運動的性惡行無關。不管問題有多嚴重，我們所做的每一項與道德復元有關的選擇，都界定了我們的行為、我們的人際關係，以及我們參與社會的情況。

一旦同事、家人、宗教領袖或製造我們所用產品的公司的言行舉止對我們構成直接影響，或者如果那是我們在新聞裡看到的行為，而我們正在建立觀點，那我們就面臨與道德韌性有關的選擇了。有時我們的決定會是人生轉捩點：我要不要跟這個人結婚？離職？絕交？修正我的作為？其他時候，那些決定反映了我們對社會的責任：我該怎麼投票來向政治人物問責呢？我們該原諒深受愛戴但涉入金融弊案的社區領袖嗎？最重要的是，在思忖我們的問題時，我們該考量我們自己及其他人或實體的韌性及復元措施。

讓我們看看兩個截然不同、但都是公眾人物的韌性與復元案例，一個和微軟有關，一個則是加拿大總理賈斯汀．杜魯道（Justin Trudeau）的過往。

二〇一六年，微軟在 Twitter 上推出一款備受爭議的人工智慧機器人，名叫「Tay」（「Thinking About You」的頭字語）（@TayandYou）做社會實驗。用戶愈常和 Tay 聊天，它就學得愈聰明，自然語言也說得愈流利。不到十六個小時，Tay 就開始貼出數千則種族主義、性別歧視和反猶太的言論——惡毒的 Twitter 用戶教它模仿。微軟立刻刪除貼文阻止傷害如螺旋擴散、讓 Tay 下線，並為「無心的冒犯與造成傷害的推文」道歉，「那並不代表我們是那種人、我們支持那些言論，也不是我們設計 Tay 的本意。」公司代表進一步坦承，他們沒有料到 Tay 會受這一類的攻擊誘導，但應該要料到。他們概述微軟學到了哪些教訓，以及該如何記取教訓改正錯誤，承認管理人工智慧系統的正面與負面特性非常複雜。這是簡單扼要的韌性與復元實例：說真話、負責任、擬定修正瑕疵的計畫。Tay 的故事也證明我們每一個微小的決定都可能一起把道德的指針往錯誤的方向推去，就連推文也不例外。

二〇〇一年，二十九歲的賈斯汀．杜魯道在一所私立學校教書，有天參加了一場阿拉伯之夜主題派對。二〇一九年，在杜魯道擔任加拿大總理，準備競選連任之際，一張攝自那場派對的糗照出現：現任自由黨黨魁頭纏白頭巾，臉化褐色妝。杜魯道立刻召開記者會表示：「我不該那麼做。那時我該更了解狀況，但我沒有，而我真的非常抱歉。」他也承認高中時他也在才藝表演化過褐色「妝」、唱牙買加民謠〈Day-O〉。「當時我沒想到這是種族歧視之舉，但現在我們比較了解了。這確實是不可接受，也是，沒錯，種族歧視的事情。」杜魯道這麼說，透過告訴其他或許以為這種舉動無所謂的人——不，這是種族歧視，大家都知道那以前是錯的，現在也是，來杜絕任何傳染的機會。杜魯道連任成功。我們無從得知他的復元是否對勝選有功，但我們確實知道那是選戰重要的一刻。

除了重大的道德失敗，我們任何人也都可能判斷錯誤。誰不曾偶爾鼓不起勇氣從實招來呢？誰沒有寄過煽動性或機密的郵件給不對的收件人，或懊惱在社群媒體貼出某張相片呢？重要的是我們，還有其他人，怎麼做好決定、勇往直前。

蒙羞、歸咎或內疚不是道德決策的一環，也不是韌性與復元過程的一部分。這三者和過去有關，但與前進的道路無涉。在你做出反應與決定的同時，有幾個問題我覺得最為實用，甚至適用於當機立斷的韌性：

是明知故犯嗎？是累犯嗎？在你檢視資訊時，意圖很重要。有些時候，人們自認行動符合最佳利益，卻造成實際傷害，例如未施打疫苗的孩子後來得了痲疹。意圖左右了再犯的機會、懲罰的輕重、以及重建信任的可能性。然而，善意既不能彌補傷害，也不能消除肇事者的責任。但如果肇事者是遭到誤導而馬上說實話、負責任、停止不當行為，像微軟和 Pret A Manger 那樣，那就是有望復元的徵兆。

那是很多人都可能犯下同樣錯誤的情境嗎？也許在那個時候，那種行為雖然可憎，卻相當普遍。思考資訊的步驟時，固然要看脈絡，微妙差異也很重要。例如，當耶魯大學決定將它多層樓的住宿學院卡爾洪學院（Calhoun College）更名時，決定因素之一是約翰．卡爾洪（John C. Calhoun）不只蓄奴，也是奴隸制度的大力提倡者，這是錯的，但在他的年代習以為常[174]。在其他事例，則可能是資訊不足，缺口太大或太模糊，使肇事者不知自己行事的後果可能失控。

當事人是誰呢？職務負有公共責任的人，必須贏得我們的信任，例如政治人物、醫師、宗教領袖、企業董事會或管理階層，或是服務老幼病殘等社會弱勢族群的人。法律上常要他們依循更高的標準，而我們也有權利要求他們遵照比法律嚴格的道德標準，因為他們的角色仰賴我們的信任。

最後，這是不是沒有不良紀錄的年輕人第一次做出的可怕決定，而且承認了？今天的年輕人沒什麼犯錯的空間，因為他們的錯事會被社群媒體公諸於世讓眾人檢視。我並非姑息惡行，但我們必須思考，技術已如何讓成長期間常犯的過失變成無期徒刑。

你或許可以做個光譜練習，判斷那個過錯落在軸線的哪裡。也許在光譜的這一端你有哈維·溫斯坦和賀建奎——一犯再犯，死不認錯，亦無悔意；另外一端則是飢腸轆轆偷了地鐵攤販一包洋芋片的孩子。在這兩者之間則是那些應該更了解情況的人，例如一度給履歷「膨風」的高級經理人，或僅只一次違反飲酒規定的高中生。

判定後果的過程也應該態度莊重、前後一致、按比例原則，以讓肇事者、其他利害關係者和社會能夠尋求復元的方式進行。道德決策的目的不是關上復元之門，或把人逼到牆角。

往往，每當我們思考從道德失敗復元的事例，寬恕的問題就會浮現腦海。我聽過很多人說寬恕能幫助寬恕的人獲得平靜，我不了解此話何意，因為那要我們憑信念改變態度，而非依資訊做出選擇——讓那人不必為其過錯做解釋，也不必為此負責。我不相信這種跳躍式的轉變；我相信我們怎麼對待其他道德選擇，就該怎麼對待寬恕。循同樣的途徑：考量各種作用力、證明能否信任、承擔責任、致力於行動。對我來說，平靜不是來自「洗白」、既往不咎，或不去釐清往後要走的路。

一旦犯錯的人說了真話、清楚表明要怎麼改過自新，那我們就可以考慮給他第二次機會（但不是第二十二次）。一旦某人已得知他的行為不被接受，不論是你不接受、社會不接受或兩者都不接受，卻一再重蹈覆轍，他就是在告訴我們他不尊重我們、不把我們的界限看在眼裡、不打算改弦易轍。他明知故犯。

在寬恕的對立面，我在從事顧問工作時注意到全球愈來愈執迷於「零容忍」的概念。迪士尼執行長羅伯特·艾格（Robert Iger）二〇一八年某天早上一覺醒來，得知他旗下ABC電視網同名收視冠軍節目的靈魂人物羅珊·巴爾（Roseanne Barr），在Twitter上針對前歐巴馬總統顧問瓦萊麗·賈勒特（Valerie Jarrett）發表了一則種族歧視的推文。艾格立刻中止巴爾的節目。「這決定真的不難。真的。我完全沒問那會對財務造成何種影響，也不在乎。」艾格在回憶錄《我生命中的一段歷險》（*The Ride of a Lifetime*）中寫道。「在那樣的關頭，不論商業上會有多大損失，你都得無視，並且再次遵從這個簡單的規則：沒有比你的同仁和你的產品的品質及誠信更重要的東西了。一切都要以維護那個原則為依歸。」

艾格正確地對種族歧視的行為展現零容忍。零容忍在種族主義、性犯罪、霸凌等是非分明的情境合情合理。但在非二元的情境，零容忍就很少是最合乎道德的做法了。若過度應用，那甚至可能成為一種傳染的驅動力，以追求完美、恐懼和扭曲的誘因等形式展現，而把不受歡迎的行為推到地下。若能以公正透明的方式執行零容忍的政策，武斷和不切實際的完美主義就比較不容易散播。務必在明確劃定界線時維護人們的尊嚴。例如，開除詐欺（二元的犯行）的員工，特別是明知故犯的高階主管，或許是適當的反應。但道德決策的目標是營造修正錯誤、繼續向前走的空間。我們都會犯錯。復元和韌性才是道德決策的目標，而非譴責、不給人希望。

我們的決定會塑造我們留給世人的事物。我們怎麼處理我們，以及他人的復元階段，會定義我們的身分、告訴世界我們秉持哪些原則，以及如何應用。

我們可以盡我們該盡的責任，例如向政治任務及企業領導人問責，不論是透過選票、拒絕購買產品，或大聲說出他們不可接受的行為。我們可以謙卑地照照鏡子，了解我們跟其他人一樣，都可能犯下最嚴重的錯誤。實際上，每一個我遇過或讀過的偉大領導人，都展現了這樣的謙遜。我們也可以培養同情心，因為我們絕不知道別人心裡在想什麼、別人的關係出了什麼狀況。我常鼓勵學生和客戶隱惡揚善：把握機會大聲說出別人的成就，盡量不要張揚別人的缺失。最好默默檢討自己是否犯過，或是正準備犯下同樣的錯誤。

且讓你我經由界定邊緣地帶的道德決策來展開這段敘事之旅。每一年，我都會用一個前瞻性的道德定義把學生送走。那凸顯了混亂、不完美、事實與復元，全文如下：

最重要的是，道德是透過遵循原則的決策，為我們的人生，以及我們有幸接觸到的生命創造我們想要的故事，不論我們離邊緣有多近。道德需要對事實和人性堅定不移的承諾。道德是記錄我們引以為傲、證明我們的人生觀徹底實踐的故事——不論真相可能如何揭露、我們可能怎麼成功或失敗、我們可能或可能不會經歷何種幸運，並從無可避免、我們有負於這個定義的人類時刻中記取教訓，但不要編輯事實。

當你在這個世界舉步向前，請記下一個你將引以為傲的故事。要有信心，因為你已經擁有種種你所需要，讓你了解得更透徹、做得更好的工具了。

後記

明日邊緣的道德

從你開始讀這本書的時候，邊緣已經移動了。二〇一四年我在史丹佛大學開「邊緣地帶的道德」課程時，這本書裡的故事宛如天方夜譚。

我動筆寫這本書的時候，COVID-19，新冠肺炎，還不在我們的詞彙中。世界以同情及難免恐懼的眼光看著悲劇在中國爆發，然後看著它蔓延開來。這篇後記是在舊金山灣區家中寫的，而這兒已發布嚴格的居家避疫命令。

COVID-19 擁有前衛道德挑戰的一切特徵。首先，那既是二元，也非二元。二元的是我們必須根除這種威脅。非二元的則是解決之道，那需要審慎地平衡緊急救命措施和管理各種要務，諸如其他醫療及心理健康需求，以及可能在未來削弱我們健康照護系統的經濟後果。

權力分散了，大多無法偵測、易受流氓行徑和藐視法律之害。病毒固然具有破壞力，但在道德上我們每個人（不管有意或無意）都有辦法透過傳播病毒，或做出諸如囤積貨物或漠視保持社交距離等準則的舉動，不花半毛錢、不出一點力就可以對他人造成傷害。但只要盡棉薄之力、遵照科學建議，人人也可以拯救生命。容我再重複一次：人人都有拯救生命的權力。

這種疾病會傳染，而我請教過幾位國際知名科學權威，他們都表示最害怕出現生物突變。我們可以嚴格遵守社交距離，並（私底下及實際上）為勇氣十足的醫療團隊和第一線人員大聲喝采，就像新聞報導義大利民眾在安全無虞的住家陽台所做的那樣。或者我們可以不要洗手、無視專家對社交距離的建議，而對我們周遭的人展現草率與自私。

醫療人員在對人命做出分秒必爭、宛如作戰的決定時，主要因為醫療物資與設備奇缺而面臨不人道的兩難。那些狀況讓他們根本沒有時間、沒有能力顧及三大支柱的任何一支。這種不可接受的情境悲慘地反映了最高等級的道德失敗決策。於是，我們只好在毫無支柱之下信任提供醫護、管理危機的個人與機構，以及信任彼此。這不是一般的狀況。

當我們急著運用機器人照護者、3D列印呼吸器和其他我們在危機模式而非經過深思熟慮選擇的前衛選項時，邊界可能變得更加模糊。我們必須時時把人與人性置於優先，特別是我們之中最弱勢的人。事實證明，地理、官僚及政治的界線或邊界擋不住病毒。當我們提供醫療、尋求解決之道時，必須加以消除。

另外，一如以往，後果取決於事實。請相信科學證據和隨之發展的專家建議，並依此行動。事實受損在這波疫情有致命危險。我們的道德義務是堅持事實：對抗製造恐慌、假新聞、對醫療建議的否定（或政治化），以及所有傳染性謊言的驅動因素。

即使在最好的狀況，道德決策也需要敏捷，而全球疫情絕非最好的狀況，但仍有反應和嚴守道德的空間（與責任），現在比以往更甚。我們每個人都有機會展現我們在第三章探討、與投票有關的神聖榮譽。道德決策將是解方與韌性不可妥協的一環。

這本書的課題將會陪你到未來，隨著你和自己遭遇的困境及社會上層出不窮的道德緊急事件搏鬥，你應該會覺得在道德上敏捷許多。驅動道德的六種作用力，以及不受時間影響的決策架構，將引導你評估你面對的任何決定或你形成的意見。它們也會釐清你對你自己或別人過去所做的決定，觀點有何轉變。對於我們這個千變萬化的世界——正當你自以為看分明了，又有新的色彩乍現、碎片消失，遠方的斑點突然在眼前閃爍，似是誘人的機會，或險惡的威脅，然後再次消散——你將有更具效率的因應之道。

我們今日決策的後果會在改變後的現實中上演。許多現在看來如家常便飯的技術，將催生出未曾想像過的新用途，卻欠缺必要的即時社科研究為基礎，讓社會做出回應。

問題在於，我們想要怎麼運用這些不受時間限制的知識，將道德視為我們個人和集體的最大機會，善加掌握呢？我們該如何在我們生命的所有領域，促成並戮力制定更有效的道德決策，將人類及人性置於優先呢？

道德是民主的。無論處境為何，我們全都有權力做出道德決策。想像如果人人都能善盡自己那一份責任，將道德重新連上權力、更公平地重新分散權力、阻絕不道德行為的接觸傳染，會發生什麼事。我們不該任憑道德被掌控創新的個人、演算法、及其公司結構壟斷。或是讓裝備不良而無法調節跨國界原則衝突的國家及地方政府做主。我們全都可以站出來要求收回主導道德的權力。

道德決策需要團隊合作。廣大的公民參與是令人振奮、能影響管理的機會，特別是政策制定者該怎麼解決那些互相牴觸而與我們一些根本權利息息相關的原則，例如公共衛生與個人自由、國家安全與隱私、網路言論自由與安全孰輕孰重。

在最初步的階段，構想萌生之際，而非評估損害的時刻，即導入道德決策最為理想。應先制定道德決策再展開有建設性的行動，而不只是拿來彌補傷害。我們的選擇會影響公司要對社會設計、發表什麼樣的產品，做出讓社會受惠於其創新、研究、知識分享及危機管理能力的決定，而非讓消費者承擔不惜任何代價創新與成長的風險。

道德助我們往高處看。道德決策提供一面從不同角度觀看世界的稜鏡，務實地，謙卑地。在道德上我們可以言行一致，認清我們的決定可能對世界各地弱勢民眾造成不符比例的衝擊，認清所謂西方方式並不完美。

道德是所有人生決定與終身學習的一部分，從托育中心和小學的活動、較高等的教育到在職訓練與進修教育。而道德能力與學位、專長、社經地位無關。這麼多年來，我遇過一些人閱讀能力不佳、財力拮据，卻極具道德思維、善於啟迪人心。道德是人人唾手可得的。

我們也有力量修復粉碎中的支柱。我們可以要求並提供更大的透明；我們可以在未獲充分資訊時（理由不拘）保留同意權；我們可以加倍努力、懷抱同情做有效的聆聽，並協助身邊的人這麼做。但再強健的支柱也不足以做為通行證或藉口：向人坦承過失，或發表免責聲明，並不能做為犯過的藉口，也無法免除我們的道德責任。

每一次道德選擇都很重要。若把所有你僅多設想一些的選擇造成的長期影響加總起來，衝擊將遠大於你所想像。不論是每少用一瓶塑膠瓶裝水，和每多思考一張選票，你的道德努力都有助於全球覺醒。

回到我那句口頭禪：道德決策把我們跟全人類繫在一起。我認為道德決策堪稱最偉大的人類連接線。那用一個共同的樂觀計畫，把我們綁在一起：那是裨益、保護社會與人類的計畫；為我們及他人刻劃動人故事的計畫；繼續探究在一個充斥技術的世界，生而為人的意義。

但邊緣地帶的道德需要運用我們的力量與聲音、負起責任、採取行動、忠於事實。

我們都可以積極地選擇道德，而非消極地讓道德發生（或不發生）。我們全都可以將人類列於機器之前，全都可以做出向未來世代反映我們可以容忍什麼、請求拿我們的遺愛做些什麼的決定，而非屈從於道德靠不住的領導人、創新者和流氓惡棍所定義的軌線。我們全都可以尋求解決方案，不只是指出他人哪裡不符標準而已。

充滿希望的選擇就在我們伸手可及之處。你的故事，你接觸的所有生命的故事，人類全體的故事，都取決於能否做出那些選擇。

並且心懷感激。

致謝

寫一本書要集合全村之力。這是我出版的第一本書，而我非常幸運，身邊有一群英明睿智的顧問。

由衷感謝《你永遠都可以有選擇》在西蒙與舒斯特（Simon & Schuster）找到家。執行長強納森・卡普（Jonathan Karp）及執行編輯史蒂芬妮・弗萊里希（Stephanie Frerich）馬上了解我期望完成什麼、我有多急迫，以及把成書送到你手中時，我想傳達多大的關連性。強的審稿對我重新塑造、重新思考原稿的關鍵部分至關重要。史蒂芬妮持續不斷的投入、質疑、精準銳利的編輯，以及對此素材的熱情，影響了這本書的每一層面。

跟西蒙與舒斯特團隊合作真是三生有幸：助理編輯艾蜜莉・西蒙森（Emily Simonson）效率奇佳、始終專注；非凡的文字編輯傅瑞德・蔡斯（Fred Chase）提升了每一頁的品質；封面設計大衛・李特曼（David Litman）和美術總監艾利森・福爾納（Alison Forner）第一試就創造了完美的書衣；由製作編輯莎拉・齊珍（Sara

Kitchen）、製作經理艾利森・哈爾茲維（Allison Har-zvi）、內頁設計保羅・迪波利托（Paul Dippolito）和總編輯金柏莉・高斯坦（Kimberly Goldstein）擔綱的製作團隊，將這些書頁轉變成精彩可讀、引人入勝的書籍。也要感謝宣傳凱特・波伊德（Cat Boyd）與行銷總監史蒂芬・貝德福（Stephen Bedford）；把訊息傳遞出去最為重要。我幸運到無以復加。

遇見經紀人凱西・羅賓斯（Kathy Robbins）是我一生最美好的時刻之一。她的智慧、編輯洞察力、全球視野，以及對這份努力的支持，引領我走完過程的每一步。沒有她就不會有《你永遠都可以有選擇》。

凱西的同事大衛・哈爾波恩（David Halpern）則在關鍵時刻提出睿智而詳盡的忠告，之後更多次做出無懈可擊的判斷。珍妮特・大城（Janet Oshiro）和雅莉珊德拉・舒格曼（Alexandra Sugarman）確保一切進行順利。

麗莎・史威廷安（Lisa Sweetingham）有我堅定不渝的感激。她幫我精巧地製作提案，並在緊迫時間壓力下整理每一份草稿。我欣賞她的工作倫理、感謝她盡心盡力、一絲不苟、一言九鼎，以及最重要的，才華洋溢。也要特別感謝她一家人的支持。

深深感謝親切地答應接受我訪問或以其他方式貢獻所長的專家和個人：比安卡迪（Dyne Suh Biancard）；Airbnb 道德長卻斯努（Rob Chesnut）；葛拉斯東研究所資深研究員、加州大學舊金山分校醫學、細胞與分子藥理學系及眼科學系教授，也是創新基因體研究所副主任布魯斯．康克林博士；韓森機器人公司創辦人、董事長兼創意長，也是機器人蘇菲亞的創造者大衛．韓森博士及其公司團隊；加州國會第十七選區眾議員羅．卡納；前無國界醫生國際主席廖滿嫦醫師；萊雅（L'Oreal）資深副總裁兼道德長艾曼紐．路林（Emmanuel Lulin）；法國國家太空研究中心（Centre National d'Etudes Spatiales）總裁讓—伊夫．勒加爾（Jean-Yves Le Gall）；史丹佛大學醫學及生物醫學倫理湯瑪斯．拉芬教授（Thomas A. Raffin Professor）及小兒科教授大衛．馬格努斯；史丹佛醫學基因體（幹細胞）教授中內啟光博士；前Pret A Manger 公司執行長克萊夫．施里；史丹佛醫學院幹細胞生物學及再生醫學博士班學生法比安．蘇棋（Fabian Suchy）；德萊妮．范．李珀；史丹佛大學兒童健康、小兒—新生兒及發育醫學理查．比爾曼教授（Richard E. Behrman Professor）；保羅．魏斯博士（Paul H. Wise）。

進一步感謝跟我一起參加《道德孵育》（The Ethics Incubator）對話的領導人，啟發許多段落的靈感：好萊塢電視劇作家及製作人諾曼．李爾（Norman Lear）；英國小說家及散文家薩爾曼．魯西迪爵士（Sir Salman Rushdie）；藝術家、麥克阿瑟獎（MacArthur Genius Grant）得主徐冰；前維吉尼亞州夏洛特維爾市市長麥可．賽納（Michael Signer）及前倫敦維多利亞與亞伯特博物館董事，已與世長辭的馬汀．羅斯。

過去幾年，我很榮幸教到許多兼具洞察力與創造力的學生。感謝為這本書奉獻心力的研究助理亞里亞德涅．尼可（Ariadne Nichol）、卡列布．馬汀（Caleb Martin）、凱薩琳・于（Catherine Yuh）和賈伊・杭特希爾（Jaih Hunter-Hill）。多年來，克林特・阿卡曼（Clint Akarmann）睿智的觀察、縝密的研究、傑出的工作倫理，都對我的研究貢獻良多。他讀了這本書好幾份草稿，每個階段都提供寶貴的建議。

　我要感謝同事和客戶對我充滿信心，並且就諸多議題與我分享他們的智慧和觀點。在史丹佛大學，我要感謝公共政策計畫（Public Policy Program）主任葛瑞格里・羅斯頓（Gregory Rosston），他支持我的教學，並毫不猶豫地同意讓我在二〇一六年開設「後事實世界的事實倫理學」這門課；感謝史丹佛人本人工智慧研究院兩位主任約翰・艾克曼迪和李飛飛教授，他們開創性的研究形塑了道德、前衛與成效。

　我非常幸運，身邊圍繞著許多真的善於鼓舞人心且智慧超群的朋友——我的道德格鬥夥伴：鮑勃・布克曼（Bob Bookman），他從這項計畫初步階段就以各種方式展現熱情；安東尼・賈德納（Anthony Gardner）大使伉儷；艾曼紐・羅曼（Emmanuel Roman）；讓—皮耶・穆斯提耶（Jean-Pierre Mustier）；南西・弗瑞德金（Nancy Fredkin）；謝拉・麥爾文（Sheila Melvin）；吉賽爾與歐米德・柯岱斯塔尼（Gisel/ Omid Kordestani）；摩森與拉蕾・莫艾札米（Mohsen/ Laleh Moazami）；薩伊德與薩米拉・阿米迪（Saeed/ Samira Amidi）。

　特別感謝張美露教授、詹姆士・曼宜伽（James Manyika）、艾曼紐・路林、歐米德・柯岱斯塔尼、塞巴斯蒂安・巴辛（Sebastien Bazin）及廖滿嫦醫師賜閱書稿、表達支持之意。

我也從倫敦政經學院的同事身上學到很多東西。

我要感謝道德孵育及蘇珊・利奧陶德有限公司的團隊：感謝安娜・艾芮斯特（Anna Barbera i Areste）、道恩・溫楠（Dawn Wenham）、荷莉・威爾森（Holly Wilson）在我撰寫這本書期間解決龐雜事務，讓公司運作順暢。

多年來，我一直遠遠地崇拜羅伯特・卡羅和桃莉絲・基恩斯・古德溫。自我首次拜讀卡羅寫的《林登・詹森傳》，為之神魂顛倒後，他就是我的靈感泉源。他技藝精湛地展現了，在無線電仍被視為高科技的年代，道德是怎麼既前衛又不可或缺。總統傳記作者古德溫則有不凡天賦，能提煉出社會道德的精華，包括好的與失敗的。她的著作仍在我畢生最愛之列。

最後，要感謝我的丈夫貝納德（Bernard）和我的孩子露卡、奧莉維亞、帕克、亞里莎、克里斯托這麼相信我。我每一天都從你們每一個選擇獲益良多。

長約 40 公尺、寬約 29 公尺的大坑洞。大部分的殘骸都埋在地底」。

12. 在 2019 年 3 月 11 日一份新聞稿中，波音公司指出：「在過去幾個月及獅子航空 610 班機事件後，波音一直在為 737 MAX 研發飛行控制改善軟體，讓已經安全的飛機更安全。」以及「737 MAX 是安全的飛機，是由我們技術嫻熟、正直敬業的員工所設計、建造及支援。」
13. 衣索比亞航空在 3 月 11 日星期一早上宣布停飛所有 737 Max 8 型飛機到進一步通知為止，但溯自 2019 年 3 月 10 日生效。
14. 這是私人電話，但據 CNN 報導，波音公司發言人證實兩人的對話，米倫伯格「確實向總統強調 MAX 飛機安全無虞」。
15. 在接受記者諾拉．歐唐諾（Noral O'Donnell）訪問時，他回答：「一定會。毫不遲疑。」
16. 聲明指出：「到目前為止，我們的審閱尚未發現系統性效能問題，因此沒有勒令那型飛機停飛的依據，也沒有其他民航單位提供的資料讓我們有正當理由展開行動。」
17. 這項聲明從第二次失事之前，到我寫這一章之際（2020 年 3 月 23 日）都在波音公司的網站上。
18. FAA 代理主管於 2019 年 3 月告訴一個參議院委員會：「我們的認證單位還需要近一萬名員工和 18 億美元才能在機構內處理全部過程。」
19. 波音公司對《紐約時報》表示：「Max 計畫在 2011 年推出，在 2012 年 9 月提供給顧客。飛機在 2013 年 7 月設計定案，第一批完成的 737 Max 8 在 2015 年 11 月滑出連頓工廠。」又補充：「這麼多年的過程稱不上匆促。」而「決策必須為顧客提供最好的價值，包括營運經濟與時機，這顯然是強大的因素。」而「安全是我們設計、製造、支援飛機時的第一要務。」在對《西雅圖時報》的聲明中，波音說它「有既定的嚴格程序，既確保這樣的抱怨能獲得周延的考慮，也不會洩露抱怨員工的身分。」另外：「因此，波音對這種內部抱怨的本旨或存在沒有評論。」
20. 波音一直到 2019 年 5 月 5 日，即第二次墜機兩個月後才在新聞稿中揭露這個議題。
21. 波音在針對 AOA 不一致警示器的聲明指出：「它們僅提供附加資訊，從未被視為民航噴射運輸機的安全配備。」

註釋

第 1 章：驅除二元

1. 這位副機長的姓名，各權威媒體提供的拼法不同。衣索比亞航空〈事故公報第三號〉說他叫「Ahmed Nur Mohammod Nur」；《華爾街日報》用「Ahmend Nur Mohammed」；《紐約時報》則指出「航空公司確定機長為 Yared Getachew，副機長為 Ahmednur Mohammed」。我們選擇援用路透社的姓名慣例，該機構曾訪問副機長的親友。
2. 衣索比亞航空執行長格布里瑪利亞姆（Tewolde GebreMariam）這麼告訴《華爾街日報》記者。
3. 這部飛機的飛交日期為 2018 年 11 月 15 日。
4. 波音公司也是美國最大的製造商。
5. 依據〈B737-8 (MAX) 暫時事故調查報告〉的〈執行摘要〉，班機是在上午 8:38 升空。請注意報告中的時間已調整為世界標準時間，本書採用的時間則調回衣索比亞當地時間。
6. 實際的攻角角度為 74.5 度。
7. 根據〈執行摘要〉，在 8:38 起飛後不久，「左邊的自動震桿器就啟動了，直到接近錄音結束仍在運作。另外，左側飛行資料系統的飛行速度及高度的數值開始偏離右側的對應數值。」
8. 一名波音官員告訴 CNN：「在航空業這樣的案例，單一資料來源被公認為可接受。」
9. MCAS 會調整水平微調穩定器：一個位於飛機尾翼的小機翼，繼而促使飛機機頭往下。
10. 實為 11 分又 56 秒。
11. 根據調查報告，這部飛機「撞出深約 10 公尺（飛機最後一片殘骸尋獲的地點）、

可歸屬之處的理念。我由衷相信【歧視】是我們做為一家公司所面臨最大的挑戰。那直搗『我們是誰』的核心，傷害了我們代表的價值觀。」

31. 根據 Airbnb：「這份工作係由前美國公民自由聯盟華盛頓哥倫比亞特區法務部主任蘿拉・墨菲（Laura Murphy）領導，諮詢數十位倡議及民權社群的專家，例如前美國司法部長艾瑞克・霍爾德（Eric Holder）。」Airbnb 也指出它「正與偏見方面的專家合作，包括哈佛甘迺迪政府學院的羅伯特・李文斯頓博士（Robert Livingston）和勞倫斯大學的彼得・葛力克博士（Peter Glick），為我們的社群提供反偏見訓練，也會公開向完成訓練的人致謝」。
32. 作者在 2020 年 1 月 8 日訪問黛安・蘇，同年 3 月 30 日以電子郵件聯繫。
33. Airbnb 在其網站發表〈建立對信任的承諾〉（Building on Our Commitment to Trust）聲明，列出所有它要進行的變革。
34. 布萊恩・切斯基整段話為：「我們真正的創新不是讓人預訂住處，而是設計一個允許數百萬人彼此信任的架構。信任是真正驅動 Airbnb 的能源，讓我們能夠讓我們的平台觸及 191 個國家和超過 6 億名會員。但近來，我們平台上的害群之馬利用了那樣的信任，包括在加州奧林達的一戶人家。我們想要盡一切所能，在這些事件發生時立刻記取教訓。」

第 2 章：權力分散

35. 作者於 2020 年 1 月 5 日採訪李珀。
36. 作者於 2020 年 3 月 18 日用電子郵件與李珀聯繫。
37. 康克林博士也是加州大學舊金山分校醫學、細胞與分子藥理學系教授，及創新基因體學研究所（Innovative Genomics Institute）副主任，該所是加州大學柏克萊分校與舊金山分校合營之非營利研究機構，由執行主任杜德納博士管理。
38. 作者於 2020 年 1 月 7 日致電康克林博士進行電話專訪。
39. PGD 亦稱作胚胎著床前基因診斷（preimplantation genetic testing，PGT）和胚胎植入前遺傳篩檢（Preimplantation genetic screening，PGS）。
40. PGD 適用於六百多種遺傳疾病。

22. 漢密爾頓是在美國參議院商業、科學與運輸委員會的「波音 737 MAX 之飛航安全與未來」聽證會上作證。

23. 作者曾於 2020 年 1 月 8 日訪問黛安・蘇，本書故事的細節皆取自於此。

24. 塔迪斯科指出：「在接受或拒絕申請之前，Airbnb 的屋主會收到客人的名字、通常有照片，還有其他個人資訊。（Airbnb 鼓勵客人向準屋主分享個人資訊，以提高被接受的機會。）檔案照片的種族特性固然顯著，社會科學證明種族也可以由一個人的名字或獨特背景和興趣推斷。」舉例：「馬林縣的艾蜜莉來此度週末享受 SPA」的種族意涵就跟「奧克蘭的伊瑪妮拜訪堂妹不一樣」。

25. 《一九六四年美國民權法案》第二章規定：「以下場所若其營運影響商業，或其歧視或隔離得到州的支持，則為公共寓所：（一）任何旅館、飯店、汽車旅館或其他為過路旅客提供住宿的機構，但不包括位於一棟建築內、供租用的房間不超過五間，或屋主確實居住其中的機構。」

26. 波音七大價值在 737 Max 悲劇前後維持不變。

27. 根據波音公司〈2019 年第四季績效檢討〉，波音舉出「在 2019 會計年度製造 737 計畫會計數量的飛機」，要增加 63 億美元的成本；另外，「2019 年會計年度預估要對顧客做出的讓步及其他補償」，則要增加 83 億美元的稅前費用。兩者加起來，光 2019 年就要增加 146 億的成本，但波音也「預估主要在 2020 年會有 40 億美元的異常生產成本列為開支」。因此，在報告提出之際，因 Max 危機就要增列 186 億美元的預估成本。

28. Airbnb的「核心價值」現在是支持使命、當個主人、擁抱冒險、當個玉米片企業家。但在賽登事件時，Airbnb 有較多核心價值，如文中所列。

29. 請參閱眾議院運輸及公共建設委員會民主黨團於 2020 年 3 月提出之〈波音 737 MAX 飛機：其設計、研發、認證帶來的成本、後果與教訓〉（The Boeing 737 MAX Aircraft: Costs, Consequence. and Lessons from Its Design, Development, and Certifications），文中指出「在獅子航空空難之後，FAA 依據運輸機風險評估方法（TARAM）進行風險評估，計算出若不修正 MCAS，在 737 MAX 機隊服役期間，預估會再發生 15 件致死、災難性的事故。」

30. 布萊恩・切斯基完整的引言為：「我們使命的核心是人性本善、每個社區都是你

51. 例如 3D 列印機製造商 Formlabs 於 2018 年告訴《衛報》（*The Guardian*），有效的 3D 列印槍枝要十到十五年後才製造得出來。

52. 根據國務院的信函，這兩部法律「針對美國軍品管制清單（United States Munitions List）指定的管制國防物品及相關技術資料之移轉與使用皆有若干規定與限制」。

53. 該法院在判決書中寫道：「儘管原告—上訴人的憲法權利可能暫時受損，但國家安全可能永遠受到損害的事實強烈支持我們的結論：地方法院在權衡時支持國防與國家安全，並未濫用其裁量權。」

54. 在 2018 年 7 月 25 日 ABC 新聞〈國務院為允許製造 3D 列印槍枝辯護〉報導中，一名國務院發言人表示：我們【在分析後】判定，某些廣為商業銷售的槍枝及相關物件，以及與那些物件有關的技術資料，對美國不具關鍵的軍事或智慧利益。

55. 和解費用實為 39,581 美元。

56. 我曾在 2019 年 12 月 20 日與 CNES（在法國相當於 NASA 的機構）總裁，也是政府太空監督方面的全球領導人，在他於巴黎的辦公室討論這個主題。

57. 數據倫理與創新中心的「關於我們」表明：「我們的目標是讓民眾能夠對於如何管理數據驅動的技術發表意見，以促進信任，因為英國要充分利用人工智慧與數據驅動技術，信任至關重要。」

58. 歐盟人工智慧高階專家小組成員包括「學界、公民社會及業界」的專家，目標是「支持歐洲人工智慧策略之實踐」，包括「未來政策發展」及「與人工智慧有關的倫理、法律和社會議題，包括社會經濟的挑戰」。

第 3 章：接觸傳染

59. 根據柴爾斯（James R. Chiles）在《藝術與空間雜誌》（*Air & Space Magazine*）發表的〈直升機選戰〉（Campaign by Helicopter）一文，詹森雖不是第一位出動直升機打選戰的候選人，卻是第一位有顯著效果的。

60. 方特斯也無法免疫於接觸傳染。1969 年，他被揭露收受華爾街金融業者沃夫森（Louis Wolfson）每年兩萬美元的預付金（沃夫森是他之前的客戶，後因違法證券交易法而入獄），在彈劾威脅下，方特斯辭去大法官職務。

41. 同意書第三條第三款敘述：「基因編輯（以 DNA 為標靶的 CRISPR-Cas9 內切核酸酶）的主要風險是在預定目標外的位置產生額外 DNA 突變的脫靶效應。這是因為該技術可能引起非特異性的切割，導致非目標的基因體位置發生突變。PGD、全基因體定序，移植後不同時期孕婦的羊膜穿刺術和周邊血抹片檢查可大幅減少降低發生嚴重傷害的可能性。因此，本專案團隊對此超出現有醫學科學技術風險後果的脫靶現象概不負責。」
42. 根據同意書，賀建奎博士指出：「在胚胎培養 5、6 天後，3 到 6 個胚胎滋養細胞將進行活體切片進行囊胚期的 PGD。」
43. 整段話為：「透過這項研究，我們期望為基因編輯療法建立穩固的技術標準，並將基因編輯相關療法提升到新的檔次。最終，我們的研究將在競爭愈益激烈的基因編輯技術國際應用上脫穎而出。這將是自人工受孕技術於 2010 年獲頒諾貝爾獎以來一項偉大的科學暨醫學成就，也將為多種遺傳疾病患者捎來希望。」
44. 根據《紐約時報》，當賀建奎將他的計畫告知曾於史丹佛大學擔任他指導教授的生物物理學家史蒂芬．奎克（Stephen Quake）時，奎克強烈要求賀建奎要通過倫理審查，並將研究成果送交同儕審查期刊檢閱。史丹佛生物倫理學家威廉．赫爾巴特（William Hurlbut）告訴全國公共廣播電台他多次試著說服賀博士打消念頭。
45. 根據《科學》期刊的調查報告，賀博士想要在 11 月宣布嬰兒出生的消息，但公關專家等人建議他先發表研究成果。
46. 記者安東尼歐．雷加拉多（Antonio Regalado）在聽說賀博士這項作為的傳聞，並發現研究的官方申請書後，搜尋了中國的臨床試驗註冊紀錄。
47. 例如杜克大學生物醫學工程學教授查爾斯．格斯巴赫（Charles Gersbach）告訴《科學人》（Scientific American）：風險「不是零」，但相當小。
48. 查克，赫爾（Chuck Hull）被稱為 3D 列印技術之父，擁有專利第 4,575,330 號（1986 年 3 月 11 日）。
49. CNN 指出：3D 列印「比以往更平易近人」，就連「技術一般的機械師」都能列印 3D 列印塑膠槍。
50. 該法已於 2019 年更名為《不可探測槍枝現代化法案》（Undetectable Firearms Modernization Act）。

69. 2010 年，奧施康定（Oxycontin，羥二氫可待因酮）被重新設計成「更難成癮」及注射，有些使用者改注射海洛因，導致 C 型肝炎感染率上升。

70. 2017 年，高德以 16,333 票擊敗現任者波威克（Victoria Lorne Peta Borwick）的 16,313 票；2019 年，高德以 16,618 票敗給挑戰者布卡南（Felicity Christiana Buchanan）的 16,768 票。

71. 原本艾金斯被廣為報導以兩票之差獲勝，但墨西哥州官方資料顯示艾金斯最後拿到 6,976 票，對手馬汀尼茲（Ronnie Martinez）則拿到 6,967 票。

72. 根據英國民調機構 Opinium 進行的出口民調，英國脫歐公民投票，65 歲公民以上的投票率達 90%，25 到 39 歲僅 65%，18 到 24 歲僅 64%。

第 4 章：支柱粉碎中

73. 根據市場調查機構策略分析（Strategy Analytics）的資料，2019 年共有 1 億 4690 萬智慧型喇叭在全球運銷。

74. 亞馬遜的亞莉莎在 2014 年 11 月 6 日上市。

75. 該公司 2007 年的網站並未列出價格與可以檢測哪些疾病，但幾家聲譽卓著的媒體記者應邀成為最早的檢測者，而他們撰文寫出價格、可檢測的疾病和體驗的過程。

76. 當時，2008 年，23andMe 供應 23 種「臨床報告」，提供「得到多項大型同儕研究支持有遺傳相關性的症狀與特徵資訊。那些相關性也對個人罹患該種疾病或具有該種特徵的機率有顯著影響。因為這些相關性普遍被視為可靠，我們用它們來發展量化評估，並明確解釋它們對你的意義」；另供應 68 種「研究報告」，提供「尚未獲得足夠科學共識以納入臨床報告的研究資訊。這些研究是基於高品質但有限的科學證據。因為其成果尚未透過大型複製研究認證，我們並未對其影響做完整的量化分析。有待證實，但我們確實會解釋它們可能如何影響你具有或罹患某種特徵、症狀或疾病的機率。研究報告也納入已經科學認可及確立、不會對個人罹患某種疾病的風險構成顯著影響的研究。」

77. 除了文中提到的兩個價值觀，2008 年 23andMe 也在網站列出下列價值觀：「我們相信人類的相似和相異一般重要」；「我們相信基因資訊的價值將與日俱增」；「我

61. 由庫倫（T. Curran）和希爾（A. P. Hill）兩人進行的研究，檢視了從 1989 年到 2016 年反映 41,641 名大學生「多面向完美主義量表」（Multidimensional Perfectionism Scale）作答情況的資料。

62. 美國環保署〈清潔空氣法沿革〉（Evolution of the Clean Air Act）一文指出：「1963 年清潔空氣法是第一部與管制空氣汙染有關的聯邦法律。該法在美國公共衛生署內建立聯邦計畫，並授權監控及管制空氣汙染技術之研究。」

63. 美國環保署〈環保署歷史：水——環境的挑戰〉（EPA History: Water—The Challenge of the Environment: A Primer on EPA's Statutory Authority）一文指出該法案：「確立可由國家及聯邦執行的水質標準，那成為州際水質標準的基礎。」

64. 美國魚類及野生動物管理局（U.S. Fish & Wildlife Service）〈瀕危物種法的里程碑：1973 年前〉（Endangered Species Act (ESA) Milestones | Pre 1973 ESA）一文提到：「國會通過〈1966 年瀕危物種保護法〉，美國第一部全面性的瀕危物種法案。受威脅與瀕臨絕種物種的第一份名單，就是依據此法編纂。」

65. 這項研究在 2018 年春天調查了 26 所美國教育機構 19,539 位學生。根據作者：「共有 18 所四年制公立學校、7 所四年制私立學校參與研究，與一所二年制公立學校參與研究。問卷共發給 113,999 位學生，有 19,539 位學生回覆，回覆率 17.1%。」這項大學處方藥物研究是由俄亥俄州立大學的學生生活研究中心、學生生活健康中心及藥學院合作。

66. 另一項在 2018 年由密西根大學進行的研究檢視了 2009 到 2014 年「全國藥物使用及健康調查」（National Surveys on Drug Use and Health，調查了近 107,000 位 18 到 25 歲的成人），結果類似：8.6% 的大學生回說前一年有濫用過鴉片類處方藥物。研究也發現藥物濫用在無大學學歷的應答者間最為普遍（11.9%）。

67. 我問賽琳娜牙醫師或任何人有沒有跟她提到上癮的風險，她回答：「印象中沒有。雖然我仍在痛苦和麻痺之中，但我十分確定沒有。」以上訊息是賽琳娜在 2020 年 3 月 29 日傳給作者。

68. 賽琳娜的母親亦得知，根據 1996 年〈健康保險可攜性與責任法案〉（Health Insurance Portability and Accountability Act）的隱私規定，未經賽琳娜同意，牙醫師和醫務人員不得分享與她女兒醫療有關的詳盡資訊。

88. 這條敘述不在公司服務條款中。這個在本書寫作期間（2020 年 4 月 9 日）仍在運作的步驟是出現在 GEDmatch.com 的線上註冊程序。

89. 附帶說明：我大致支持「選擇加入」的程序，就算只是因為那強迫我們喘口氣再堅定地做出選擇，而非因為我們太忙或不了解而讓別人幫我們做選擇。誠然我們仍可能忽略資訊。亞馬遜政策我一個字也沒讀就按了「同意」；而我避開 Twitter 以外的社群媒體，因為我不打算不斷監控不斷改變的隱私政策，或承擔遺漏什麼的風險。

90. FamilyTreeDNA 是銷售 DTC 基因檢測工具包，並讓使用者透過其血統資料庫找出親戚的商業網站。它不像 GEDmatch 是免費的。但也不同於 GEDmatch，它需要使用者「選擇退出執法比對」。

91. 2020 年 1 月 1 日生效的 23andMe「隱私重點」（Privacy Highlight）中的「存取你的資訊」（Access to Information）敘述：「除非法律要求我們遵守有效的法院判令、傳票或基因或個人資訊的搜索狀，我們不會提供資訊給執法單位或管理機關。」「透明度報告」（Transparency Report）則敘述：「尊重顧客隱私與透明度是引導 23andMe 回應法律要求與維繫顧客信任時秉持的核心原則。除非法律要求，我們不會在未取得顧客明確同意下向任何第三方發布顧客的個人資訊。更具體地說，我們會嚴密檢視所有執法與管理要求，只會遵守法院判令、傳票、搜索狀或其他我們判定有法律效力的要求。」

92. 例如「蘋果公司媒體服務條款」K 款「契約變更」（Contract Changes）就敘述：「蘋果公司保留任何時間修訂這份合約及於你的服務增添新條款或附加條款之權利。這樣的修訂或附加條款將立即生效、併入這份合約。你持續使用服務就被視為接受。」亞馬遜的「亞莉莎使用條款」（Alexa Terms of Use）「3.3 亞莉莎的變更；修正」（3.3 Changes to Alexa; Amendments）敘述：「我們可能隨時變更、暫停或中止亞莉莎或其任何部分而不另行通知。我們或許會自行斟酌修訂此合約的任何條款，將修訂後的條款發布在 Amazon.com 網站上。若你在合約修改生效日後繼續使用亞莉莎，就代表你接受條款。」

93. 例如電子前哨基金會（Electronic Frontier Foundation）的珍妮佛・林區（Jennifer Lynch）觀察道：「在我們截至目前所知的所有案例，執法單位要找的不是將們鼓勵針對個人遺傳服務的倫理、社會與政策意涵展開對話」；「我們相信賦予每一個人促進人類了解的機會是好事。」

78. FDA 認為 23andMe 將其未獲分析或臨床證實的工具包行銷為一種診斷工具，而其不精確的檢測結果可能導致使用者採取極端醫療措施，例如動不必要的手術，或在未諮詢醫師的情況下逕行改變用藥指導。

79. 除了增加有關科學、隱私、研究參與、常見問題及對檢測結果的外部諮詢資源等資訊，23andMe 也更新及擴充服務條款。

80. 如 23andMe 在〈服務條款：5. 關於 23andMe 服務的風險和考量〉中所述：「遺傳學研究尚不全面。雖然我們會從你的 DNA 測量數十萬種數據點，但只有很小的比例已知和人類特徵或健康狀況有關。研究社群更迅速學習更多的遺傳學知識，而 23andMe 的重要使命便是對此研究有所貢獻。另外，許多族群並未納入基因研究中。因為我們服務提供的解釋皆仰賴已發表的研究，有些解釋可能不適用於你身上。未來的科學研究可能會改變對你 DNA 的詮釋。未來，科學社群或許會證明先前的研究並不完整或不精確。」

81. 麗莎的故事和警方調查經過在 2017 年 1 月於新罕布夏州艾倫斯頓（Allenstown）舉行、為時一小時的記者會中，由執法官員詳盡敘述。

82. 執法單位表示他是因自然原因死於獄中。他在獄中時間短暫且用數個化名，他們無法判定他的本名及出生時間。

83. 「我們相信我們鑑定出殺人兇手了，」艾倫斯頓資深副檢察長在一小時的「視訊：警方表示殺害失蹤女性、艾倫斯頓受害者、加州女性的兇手是同一名男性。」記者會中這麼說。

84. 康特拉科斯塔縣退休調查員保羅・霍爾斯（Paul Holes）和雷凡特博士在〈找出金州殺手：霍爾斯與雷凡特專訪〉（Identifying the Golden State Killer: An Interview with Paul Holes and Barbara Rae-Venter）中解釋他們如何著手破解金州殺手一案。

85. 根據霍爾斯和雷凡特的說法，他們只花了四個半月就找出嫌疑犯。

86. 創辦人表示當時 GEDmatch 有「大約一百萬用戶」。

87. 《紐約時報》記者海瑟・墨菲（Heather Murphy）在訪問 GEDmatch 創辦人的報導中寫道：「一開始，羅傑斯先生對執法單位使用他網站的方式火冒三丈。」

102. 作者在 2019 年 7 月 30 日訪問馬格努斯。

第 5 章：界限模糊

103. 有一度蘇菲亞的製造者幫她做了腿，讓她得以越過障礙物和跳舞，但後來停止腿的製造，聚焦於機動化的滾輪底座。以上依據作者於 2020 年 3 月 18 日與韓森機器人公司首席人格科學家艾爾斯博士（Carolyn Ayers）的電子郵件。

104. 在 2020 年 3 月 27 日寫給作者的電子郵件中，韓森機器人公司首席人格科學家艾爾斯解釋：「蘇菲亞會運用人工智慧來辨識及回應人類的語言、產生她說話和唱歌的聲音、並追蹤人類的臉孔、保持視線接觸。蘇菲亞的對話是由一種多層次的系統發動，結合了規則系統、架構模式和先進的轉換器模式。蘇菲亞會依據說話的脈絡，自動選擇和執行最恰當的手勢和表情。」

105. 作家格雷許科（Michael Greshko）在 2018 年 5 月 18 日《國家地理雜誌》（*National Geographic*）〈遇見蘇菲亞，外表簡直跟人類一模一樣的機器人〉（Meet Sophia, the Robot That Looks Almost Human）一文中解釋「尚未有機器人達到通用人工智慧，或多方面像人類的智能」。也就是說「蘇菲亞是像聊天機器人一樣，沿著預先寫好的反應樹爬上去」。烏爾比（Jaden Urbi）和席格洛斯（MacKenzie Sigalos）則在〈蘇菲亞機器的複雜真相——是幾乎是人的機器人，還是公關噱頭〉（The Complicated Truth About Sophia the Robot— an Almost Human Robot or a PR Stunt）中敘述：「韓森是以她是『襁褓時期』人工智慧的心態來處理蘇菲亞，下個階段則是尚未有人達成的通用人工智慧。」

106. 引用自《道德孵育》（*The Ethics Incubator*）計畫的韓森專訪。亦可參見韓森機器人公司網站常見問答：「她為什麼是沙烏地阿拉伯公民？」答覆是：「蘇菲亞是獲沙烏地阿拉伯王儲賦予公民權。其實那令我們意外，但我們會利用這個機會為人權和那個地區的女性待遇發聲。」

107. 完整的敘述是：「我認為把機器人的外表設計得像人具有危險的吸引力。那分外迷人，而那其中蘊含危險。它們引誘我們將它們置於和其他工藝品不同的類別。要不然，比如說，怎會有人想到授予機器人公民權或聯合國的頭銜，而不把它們

DNA 上傳到消費者網站的人，而是找那個人的遠親——永遠不可能同意遺傳資料被這樣使用的人，因為他們無法掌控剛好與網站使用者共有的 DNA。」

94. 23andMe 有一個顧客網頁叫「處理意料外的關係」，但不做中介服務，如這個常見問答所表明：「23andMe 有治療師可以直接跟我聊聊情況嗎？」「我們了解發現意料外的近親，或得知近親跟你沒有相同基因，可能產生各種複雜的情緒。雖然 23andMe 目前沒有聘用治療師與你討論檢測結果，我們確實鼓勵你尋求你需要的協助來處理檢測結果。」

95. 根據《沃克斯》一篇報導，23andMe「估計迄今有 7,000 名使用者發現他們的父母不是他們以為的那位，或者有從不知道的兄弟姊妹存在」；不過這個數據沒有獲得獨立驗證。

96. 這個 Facebook 社團是由 NPE 聯誼會（NPE Friends Fellowship）管理，這個非營利組織在 2019 年 12 月時共有七千多名會員。

97. 附帶一提，23andMe 告訴《泰晤士報》（Times）：「我們譴責種族主義和各種形式的仇恨言論。我們一直宣揚包容的訊息。」

98. 潘諾夫斯基和唐諾文將白人種族主義定義為：「對美國種族政治的一種極端政治反應，不僅排斥自由派的平等理念，也反對保守派的『色盲』，主張『白人驕傲』、白人至上及社會政治政策來確保那個地位，且不惜運用暴力排除及鎮壓非白人。」

99. 研究人員檢視了 3,070 則貼文，列出 12 種次數最多的回應；「以發文者為恥和拒絕接納」名列第九，有 65 例。

100. 如作者指出，這些策略「包含對 GATs【基因血統測試】的正當性進行反科學、反知識的攻擊，也用半真半假的科學，從白人民族主義史的角度重新詮釋 GATs。但在個人身分修補之外，他們也就 GATs 呈現的關係重新詮釋白人民族主義的種族邊界和階級。」

101.23andMe 的服務條款敘述你不該未諮詢健康照護提供者，就依照你獲得的資訊行動；如果你查到令你難熬的資訊，該公司也提供資源連結。公司亦有醫生使用的網站，引導醫生協助帶著 23andMe 檢測結果前去的病患。但 23andMe 的創辦人表示：「有些批評家相信民眾無法靠自己應付這類資訊，遺傳性癌症風險的訊息只該由醫療專業人員傳達。我不認同。」

勒的說法，這不代表他們真的會這麼做。

114. 歐盟人工智慧倫理準則包括建議「人的能動性與監督：人工智慧系統應授予人類權力，讓人類能依資訊做出決策並提升其基本權利，在此同時，必須執行適當的監督機制，這可透過人機協同（human-in-the-loop）、人為干預（human-on-the-loop）和人為管控（human-in-command）等途徑來達成。微軟的人工智慧原則包括「納入」（inclusiveness），即「所有系統都應授權予每一人、讓人類參與」的概念。OpenAI 的人工智慧原則包括：「我們承諾將我們獲得的任何影響力用於通用人工智慧之部署，確保它為增進所有人的利益所用，並避免使用會傷害人類或人工智慧或不當集中權力的通用人工智慧。我們首要的信託責任是對人。」Google 的人工智慧原則包括：「4. 對人負責。我們將設計提供適當回饋、相關解釋與申訴機會的人工智慧系統。我們的人工智慧技術將受制於適當的人類指導與管控。」

115. 作者在 2019 年 2 月 8 日採訪中內博士；中內博士團隊成員亦透過電話及電郵審核過本書述及其業務的段落。

116.2015 年 8 月 12 日出刊之《MIT 技術評論》（*MIT Technology Review*）指出：「異種器官移植的問題在於動物器官會引發凶猛的免疫反應。就連阻止免疫攻擊的強效藥物也無法完全遏止。」

117. 羅斯博士亦指出研究人員會謹慎追蹤人類細胞在每一個嵌合體的發展。他說，如果聚集在腦中的數量太多，研究計畫就會中止。

118. 一組是史丹佛大學學生，一組是哥倫比亞法學院一月入學學生。

119. 這份數據報告顯示從 1988 年 1 月 1 日（第一個有全國器官移植資料的完整年度）到 2020 年 3 月 31 日在美國取得的器官捐贈。共有 36,024 件捐贈來自機動車輛意外事故（MVA）的死者。由於自 1988 年起共有 394,997 例器官捐贈，機動車輛意外事故約占其中 9%。

120. 美國國家公路交通安全管理局網站常見問答:「自動化車輛的安全效益有哪些？」敘述：「自動化車輛和駕駛輔助技術（包括已經在道路上使用的）可能減少相撞、避免受傷和拯救性命。所有嚴重機動車輛相撞案件中，有 94% 是人為過失或選擇所致。全自動車輛看得比人類駕駛清楚、反應也更快速，因此可大幅減少過歸入多少有點不同的汽車、烤麵包機、洗衣機等類別？」

108. 可參見《牛津英文辭典》給「human」的定義，其中一條是：「屬於人類及人類活動的性質，或與其相關，與（包括正面及負面）一般視為非人或機械，如機器、系統、過程等事物相對。」

109.《韋氏辭典》（*Merriam-Webster*）將演算法（algorithm）定義為：「一種用數量有限的步驟解決數學問題（如找出最大公因數）的程序，通常需要重複運算」；「按部就班解決問題或完成某種目標的程序。」巴爾金則將機器人定義為「與環境互動的具體實物」，但定義中也包括「人工智慧媒介和機器學習演算法」。

110. 微軟給「機器學習」下的定義為：「運用數學數據模組來協助電腦學習而無需直接指令的過程。被視為人工智慧的子集。機器學習運用演算法來鑑定數據中的規律，再用這些規律來創造可做出預測的數據模組。資料愈多、經驗愈豐富，機器學習的結果就會更精確——與人類熟能生巧有異曲同工之妙。」甲骨文公司（Oracle）也提供機器學習的概述，將之定義為「人工智慧的子集合，著眼於建立基於所使用的數據來學習——或增進績效——的系統。人工智慧意義更廣，泛指模仿人類智慧的系統或機器。機器學習和人工智慧常被一起討論，兩個詞彙有時可互換，但不是指一樣的東西。一個重要的區別是，所有機器學習都是人工智慧，並非所有人工智慧都是機器學習。」Google 的凱文．墨菲（Kevin Murphy）則在著作《機器學習：或然率的觀點》（*Machine Learning: A Probabilistic Perspective*）中將機器學習定義為一套可自動偵測數據規律，並使用發現的規律來預測未來數據，或在不確定下執行其他種類決策（例如計畫如何蒐集更多數據！）的方法。

111. 微軟的說法是：「深度學習是運用神經網路（NN）來提供答案的專門化機器學習形式。能夠自行判斷正確性，深度學習會像人腦一樣分類資訊——並為一些最像人的人工智慧提供動力。」

112. 麥克阿瑟教授告訴 CNN：「第一波數位戀」運用技術來促進人類之間的連結，但「第二波數位戀」則不想和人類發生性關係。

113. 金賽研究中心（Kinsey Institute）研究員雷米勒（Justin Lehmiller）為著作《告訴我你想要什麼》（Tell Me What You Want），一份性慾科學研究蒐集了四千名美國人的資料。約有 14% 受訪者告訴雷米勒他們曾幻想跟機器人有性關係。根據雷米

128.《牛津辭典》總裁葛瑞斯沃（*Casper Grathwohl*）表示：「我們先是在這年六月看到頻率隨著英國脫歐投票和川普取得共和黨總統提名的話題直線上升。由於這個詞彙的使用毫無減緩跡象，如果後事實成為界定我們這個時代的詞語，我不會意外。」

129. 公司官網上的「美圖簡介」：美圖公司成立於 2008 年 10 月，以人工智能為驅動，是中國領先的影像處理及社交平台。美圖公司以「讓每個人都能簡單變美」為使命，圍繞「美」創造了一系列……軟硬件產品。

130. 據美圖公司「截至 2019 年 12 月 31 日止的年度成果聲明」，平均每月活躍用戶有 282,472 人，其中海外用戶有 108,841 人，占 38.5%。

131. 美圖公司英文網站上的「文化與價值觀」也指出：「（以下為中譯）我們的使命是創造這樣的全球社群：世界各地的民眾都能探究及發掘關於美的新觀念，並藉由使用我們的虛擬工具建立更多自信，將這些新觀念帶到真實世界。」

132. 曾雅美和馮哲芸在〈夢寐以求的美化 app，中國美圖公司上市〉（China's Meitu, an Aspirational Beauty App, Goes Public）報導中寫道：「美圖表示不同市場的在地團隊會依其他標準量身打造軟體。」他們也引用美圖公司股東、創業投資家李開復的話說，膚色「『依國家調整』……『那個國家偏愛古銅色嗎？有些功能是自動的，有些是由使用者操控。』」馮哲芸在〈中國執著於自拍〉（China's Selfie Obsession）文中寫道：「今年初，在國際用戶指出 app 的美化標準無可避免導致膚色變白後，社群媒體一陣憤怒。最後，《中國日報》（*China Daily*）的于正（音譯）在〈中國 app 美化全世界〉中寫道：「BeautyPlus 有在地化的特色。例如在巴西，一種功能可以加深圖像中的膚色和美白牙齒。『我們的全球策略是確保我們每一項海外產品「高度在地化」來鼓勵我們的用戶表現自己的美。』美圖海外事業部負責人法克斯．劉（Fox Liu）這麼說。」

133.《e 臨床醫學》（EClinicalMedicine）〈社群媒體使用與青少年心理健康：英國千禧世代研究結果〉（Social Media Use and Adolescent Mental Health: Findings From the UK Millennium Cohort Study）檢視了 10,904 筆英國青少年的資料，指出：「與其他研究一致，我們發現社群媒體使用和憂鬱症有關……顯然有一大部分年輕人對自己的長相及身體感到不滿。這種高度扭曲、呈現理想化的美的圖像儼然已是

失、過失造成的相撞及死傷。」亦請參閱華盛頓特區埃諾運輸中心（Eno Center for Transportation）2013 年研究〈準備迎接自動駕駛車輛的國度：機會、障礙及政策建議〉（Preparing a Nation for Autonomous Vehicles: Opportunities, Barriers and Policy Recommendations）附表 2，表中提及：若有 10% 的車輛是自動駕駛，每年平均可以減少 211,000 次車禍，拯救 1,100 條性命；如果 90% 的車輛是自動駕駛，估計可預防 420 萬件車禍，拯救 21,700 條性命。

121. 依據世界衛生組織的資料，在 2011 年 112,939 件臟器器官移植案例中，有 62% 在 WHO 高所得會員國進行，中高、中低及低所得會員國的比例分別只有 28%、9% 和不到 1%。

122. 由於屬非法性質，確切的器官販運數據很難確定，但 5% 到 10% 是常被引用的數據。

123. 在豬隻體內培植器官可以和其他對人體所做的變異一起擺在光譜上，例如人對人的器官移植、整形手術、各種移植物、補體術（義肢、假牙等）、3D 列印器官、基因編輯等等。另一道光譜可能是人與動物的互動，例如注射豬胰島素、吃肉、穿毛皮大衣、緊抱你的狗、施廄肥等等。

124. 多位執行長都要求該領域更嚴格的管制，包括微軟總裁布萊德．史密斯（Brad Smith）在著作《未來科技的 15 道難題》（*Tools and Weapons: The Promise and the Peril of the Digital Age*）中所述。

125. 例如史丹佛人本人工智慧研究就展現對人類的投入。在英國，政府管理的資料倫理與創新中心也對其研究廣泛的影響展現類似的關切。即使該領域的個別科學家和領導人深思熟慮，政府對這個議題的管理仍不可或缺。

第 6 章：事實受損

126.2017 年 1 月 21 日「白宮新聞秘書尚恩．史派瑟聲明」：「就是這樣，這是有史以來總統就職典禮最多的觀禮人數，包括親自到場與全球各地……那些試著削減就職熱情的舉動可恥且錯誤。」

127. 我寫這一章的目的很明確：討論事實與道德決策的關係，而非發表道德本身的論文。

第 7 章：當機立斷的道德

143.「當機立斷的道德」（ethics on the fly）一詞是我在西蒙與舒斯特（Simon & Schuster）編輯弗萊里希創造。

144.2010 年網路安全公司 AVG 委託現在研究（Research Now）對來自英國、法國、義大利、西班牙、加拿大、美國、澳洲、紐西蘭和日本 2,200 名有兩歲以下孩子的母親進行調查。光在美國，數字高達 92%。在 2020 年 4 月 13 日與《分享原則》（*Sharenthood*）一書作者，哈佛大學網路及社會安全中心暨新罕布亞大學法學院副教授莉亞．普倫基特（Leah A. Plunkett）的電郵通信中，她提到由非營利組織父母區及 Nominet 合作進行的調查發現，在孩子五歲生日前，爸媽已在社群媒體貼出近 1,500 張照片。

145. 政府已愈來愈有興趣檢驗其權力和影響力。2018 年，馬克．祖克柏（Mark Zuckerberg）因臉書資料隱私和俄羅斯假資訊等問題赴存疑的國會作證。參議員賀錦麗觀察道：「我想知道臉書有多重視信任和透明——如果我們都同意，信任與透明關係一大關鍵要素是我們說實話，且尋求事實的話。」

146. 接觸傳染和突變會以數種方式和知情同意連上關係。首先，不適當或欠缺知情同意的後果會擴散及突變。其次，無法取得適當知情同意這件事本身也會傳染。爸媽張貼小孩照片的傳染病，也是知情同意失敗的傳染病。再來，一者的常態化可能助長另一者的常態化：我們會開始想：既然未經同意張貼照片（而後變成朋友的照片等等）是正常的事，那麼孩子的照片自然也無需取得適當的知情同意。

147.1998 年，威克菲德（Andrew Wakefield）及同事在《刺胳針》（*The Lancet*）發表的文章暗示 MMR 疫苗與自閉症有關。這項研究之後遭其他科學家推翻。2010 年，《刺胳針》撤下那篇論文，指出：「依據 2010 年 1 月 28 日英國醫務評議委員會（General Medical Council）所屬醫師適任委員會（Fitness to Practice Panel）的判斷，威克菲德等人 1998 年的論文顯然有諸多要素不正確，與一項稍早研究的結果相反。特別是論文指出當地倫理委員會『一再提到』孩子及研究調查得到委員會『認可』這兩點證明為謬誤。因此我們要從發表紀錄撤下那篇論文。」賀夫特社會常態，若能從那裡轉移出去，或許有助於改變這一類的負面看法。」

134. 報告作者也指出，年輕人形容社群媒體比菸酒更容易上癮。

135. 根據美圖公司新聞〈意外！許多男女修飾約會檔案照片〉，這項研究「收集了250名18–34歲曾使用網路及手機約會app的美國男性及女性的回應」。

136. 美圖為BeautyPlus撰寫的服務聲明第五款〈使用BeautyPlus〉敘述：「你不應透過BeautyPlus製造、儲存或張貼下列資訊……（五）違反此合約條款、法律、規定、政策、社會秩序的資訊，及妨礙美圖正常運作的資訊。」

137. 這項由中華人民共和國新聞出版總署宣布的規定，禁止18歲以下孩童在晚上10點到早上8點之間打電玩，且平日每天不得超過90分鐘，週末例假日亦不得超過三小時。

138. 他完整的說法是：「我們生活在一個你可以改名字、更改性別的時代，為什麼我不能決定自己的年齡？」

139. 荷蘭阿納姆法院的裁決由政府公報總結成〈地方法院拒絕修改拉特爾班德的出生日期〉，指出：「拉特爾班德先生有感覺比實際年齡年輕20歲，並依此行事的自由。但修改他的出生年月日會導致20年的紀錄從出生、死亡、婚姻及民事結合的登記消失。這會造成各種不良的法律及社會影響。第一要務必須是確定公共登記含有精確的事實資訊。」

140. 出處同139，完整的引言是：「法院並未在拉特爾班德先生的論據中找到任何理由來制定新的判例法以配合更改民眾官方登記姓名與性別的法律規定。主要理由是，不同於更改登記的姓名與性別，我們有各式各樣與年齡有關的權利和義務……」

141. 古德溫列舉林肯的競爭對手包括紐約參議員西華德（William H, Seward）、俄亥俄州長蔡斯（Salmon P. Chase）、密蘇里州傑出政治前輩貝茨（Edward Bates）。

142. 我還喜歡引用普魯斯特（Marcel Proust）的話：「唯一真正的航程，真正沐浴於青春之泉，不是拜訪陌生的土地，而是擁有另一雙眼，透過另一雙眼，另一百雙眼來看宇宙，看一百雙眼看到的一百個宇宙，每一個都是宇宙。」

關於孩子的資訊，以及確定送交的資訊正確。」

第 8 章：韌性與復元

156. 娜塔莎的爸媽 2018 年 10 月 1 日在《與菲利浦和荷莉的早晨》（*This Morning with Phillip & Holly*）節目〈我們的女兒吃了 Pret A Manger 長棍麵包死掉〉（Our Daughter Died After Eating a Pret A Manger Baguette）單元中說娜塔莎和他們一家人對檢查標籤「一絲不苟到接近法庭鑑識的地步」，對過敏原非常謹慎。
157. 「我檢查了兩遍，然後說：『嗯，妳吃這個沒問題。』」納迪姆這麼告訴《與菲利浦和荷莉的早晨》。
158. 「什麼也沒有，完全沒有肉眼看得到的東西。」納迪姆這麼告訴《與菲利浦和荷莉的早晨》。亦參見助理驗屍官康明斯博士（Sean Cummings）：〈娜塔莎・艾德南—拉佩羅死因調查〉（The Inquest Touching the Death of Natasha Ednan-Laperouse）。
159. 驗屍官提醒藥品和醫療產品監管署（Medicines and Healthcare products Regulatory Agency）及速效注射型腎上腺素（EpiPen）製造商這個問題。請參見康明斯：〈28 條例：防範未來死亡報告〉（Regulation 28: Report to Prevent Future Deaths）。根據 BBC 報導，驗屍證據顯示 EpiPen 16 毫米的針「或許不足以讓腎上腺素到達肌肉」，但也無從證實「長一點的針一定比較好」。
160. 根據戴維斯（Caroline Davies）：〈女孩死前一年，Pret A Manger 已有九起類似過敏反應〉（Had Nine Similar Allergic reactions in Year Before Girl Died）報導，2018 年 9 月 25 日《衛報》（The Guardian）。這位 17 歲女孩的母親事後聯絡 Pret 客服部表達她的憂慮：該公司只在顧客要求時才提供過敏原資訊。據女孩的說法，母親「對此表達擔憂，並警告在她看來，類似不幸事件很容易發生。」
161. 同上，該主管作證說：「我們在每一次客訴提出時都有恰當的反應。」但康明斯博士在〈28 條例〉中指出：「在 Pret a Manger 的案例，該公司儘管銷售 2 億件商品，卻沒有一貫或協調的系統來監控顧客過敏反應。某些案件，客戶的憂慮被轉給客服部，有些則通知安全部。兩個部門不知道對方回應了什麼。該公司顯

（Laura Helft）及威廉姆（Emily Willingham）2014 年 9 月 5 日在公共電視台《新星》（*NOVA*）節目〈自閉症疫苗迷思〉（The Autism-Vaccine Myth）單元指出：「1998 年時民眾不知道的是，這篇現已撤下、僅涉及 12 名孩童的研究證明有一些嚴重的瑕疵，甚至含有明顯扭曲的數據資料。」

148. 依據疾病管制中心〈麻疹疫苗〉（Vaccine for Measles）一文，若照建議施打兩劑疫苗，疫苗的麻疹預防率達 97%，施打一劑則有 93%。

149. 確實，麻疹爆發的潛在後果嚴重到已觸發現有疫苗法令的變革，以及實施新法來保護民眾的討論。例如 2019 年紐約州長谷莫（Andrew Cuomo）簽署撤銷學生可基於宗教或個人信仰不在學校注射疫苗的規定。在我寫這本書的同時，也有新澤西、佛蒙特、華盛頓、奧勒岡等州考慮類似的立法變革。

150. 根據全球氣候罷工罷課（Global Climate Strike）主辦單位統計，有四百萬人參加遊行。

151. 根據 2019 年 10 月 24 日〈亞馬遜網站宣布第三季銷售額提升 24% 至 700 億美元〉一文，亞馬遜在 2019 年第二季結束時（6 月 30 日）有 653,300 名員工（含全職及兼職，排除承包商及暫時人員），第三季結束時（9 月 30 日）有 750,000 名員工。

152. 例如在微軟總裁布萊德．史密斯在《未來科技的 15 道難題》一書中描述微軟如何提供反對專案（例如銷售無人機給軍方）的員工轉換專案的選擇：「在此同時，我們承認有些自己的員工對於執行美國或其軍隊組織的國防合約感到不自在。有些是其他國家的公民，有些有不同的道德觀或是和平主義者，有些只想將心力投注於替代性的技術應用。我們尊重這些觀點，我們也馬上表示，我們會致力讓這些個人能夠效力於其他專案。基於微軟的規模和多元技術組合，我們覺得我們最可能通融那些請求。」

153. 其中 61% 是亞馬遜智慧音箱。

154. 完整的引文為：「你用聲音控制亞莉莎。亞莉莎會在你和亞莉莎互動時將聲音傳至雲端。亞馬遜會在雲端處理及保留你和亞莉莎的互動，例如你輸入的聲音、音樂播放清單及你的亞莉莎待辦事項和購物清單，以提供、個人化和增進我們的服務。請多了解這些語音服務，包括如何刪除與你的帳戶有關的錄音。」

155. 例如 23andMe 指出：「父母或監護人對此應負全責：妥善保管提供給 23andMe

迪利斯翠堤（Cody Delistraty）：〈畢卡索如何在藝術人生讓女人淌血〉（How Picasso Bled the Women in His Life for Art）；帕克（Eudie Pak）：〈畢卡索的妻子和情婦們如何成為他的藝術靈感〉（How Pablo Picasso's Wives and Mistresses Inspired His Art）；以及麥葛瑞斯〈好藝術、壞人〉（Good Art, Bad People），他在文中說：「畢卡索或許可以在這方面得獎：他生命有七個重要女性，其中兩個發瘋，兩個自殺。」

172. 例如耶魯大學移除了校園裡一件「描繪一位清教徒移民持火繩槍指著原住民腦袋」的雕刻。那件作品與有關其歷史背景的書面素材一起成為研究資料。史丹佛大學決定替一部分以十八世紀羅馬天主教傳教士胡尼佩羅・塞拉（Junipero Serra）為名的設施更名，指出他的遺產固然「複雜」，傳教體系卻「使美洲原住民遭受莫大的傷害與暴力」。牛津大學一個學院決定移除塞西爾・羅德斯（Cecil Rhodes）的雕像，身為英國商人、政治人物和帝國主義者的他，被許多人視為種族隔離的擘畫師。

173. 2019 年，史丹佛大學修升學歷史專案要求學校更改喬登廳（Jordan Hall）的名稱：那紀念大衛・史塔爾・喬登（David Starr Jordan），史丹佛創校校長，也是直言不諱的優生學支持者。

174. 如耶魯大學校長彼得・薩洛維（Peter Salovey）所言：「改變學院名稱的決定不是我們草率處理的決定，而是卡爾洪身為白人至上主義者及熱切宣傳奴隸制度『全然有益』的全國領導人，他留給後世的東西從根本牴觸了耶魯大學的使命和價值觀。」